中华爱国人物故事

ZHONGHUA AIGUO RENWU GUSHI

两弹元勋邓稼先

周禹彤　编著

吉林人民出版社

图书在版编目(CIP)数据

两弹元勋邓稼先 / 周禹彤编著. -- 长春 : 吉林人
民出版社, 2011.5
　　(中华爱国人物故事)
　　ISBN 978-7-206-07898-9

　　Ⅰ.①两… Ⅱ.①周… Ⅲ.①邓稼先(1924~1986)
- 生平事迹 Ⅳ.①K826.16

中国版本图书馆 CIP 数据核字(2011)第 075705 号

两弹元勋邓稼先
LIANG DAN YUANXUN DENG JIAXIAN

编　　著:周禹彤

责任编辑:丁　昊　　　　　　　封面设计:七　洱

吉林人民出版社出版 发行(长春市人民大街7548号　邮政编码:130022)

印　　刷:鸿鹄(唐山)印务有限公司

开　　本:670mm×950mm　　　1/16

印　　张:8　　　　　　　字　　数:70千字

标准书号:ISBN 978-7-206-07898-9

版　　次:2011年5月第1版　　　印　　次:2023年6月第4次印刷

定　　价:35.00元

如发现印装质量问题,影响阅读,请与出版社联系调换。

总　序

胡维革

　　《中华爱国人物故事》是一套故事丛书。它汇集了我国历史上80位古圣先贤、民族英雄、志士仁人、革命领袖、先进模范人物的生动感人史迹，表现了作为中华民族优秀传统的伟大的爱国主义精神。

　　爱国主义是人们对于"生于斯、长于斯、衣食于斯"的祖国的一种神圣感情，是人们对于自己民族的一种强烈的责任感和使命感，是感召和激励整个中华民族的一面永不褪色的旗帜。在漫长的历史上，爱国主义一直激励着中华儿女为祖国的独立、统一、进步和繁荣而英勇奋斗。从伟大的思想家教育家孔子到统一全国的千古一帝秦始皇，从秉笔直书著《史记》的司马

迁到鞠躬尽瘁死而后已的诸葛亮，从伟大的浪漫主义诗人李白到精忠报国的民族英雄岳飞，从七下西洋传播友谊的郑和到抗击倭寇的民族英雄戚继光，从苟利国家生死以的林则徐到为变法流血的第一人谭嗣同，从威震敌胆的抗联将军杨靖宇到人民音乐家聂耳与冼星海，从踏遍青山人未老的李四光到万婴之母林巧稚，从县委书记的好榜样焦裕禄到情系雪域献身高原的孔繁森……都表现出了强烈的爱国主义精神。正是由于热爱祖国的人们前仆后继地奋斗，国家和民族才得以生存，历经一次次历史危机关头而能转危为安，走向兴盛和富强，从而屹立于世界民族之林。爱国主义是鼓舞中华儿女历经忧患、跨越沧桑、百折不挠、自强不息的伟大力量，它贯穿于中华民族的整个历史，并有力地凝聚着五洲四海的中国人。

　　爱国主义是一个历史的范畴,在社会发展的不同阶段、不同时期有着不同的具体内容。革命时期,需要我们为祖国的独立自主出生入死;建设时期,需要我们为祖国的繁荣富强增砖添瓦;在全国各族人民团结一心建设富强、民主、文明、和谐的社会主义现代化国家的今天,我们要争做一名新时期的爱国者。新时期的爱国者要有强烈的民族自尊心和自豪感。民族自尊心和自豪感是任何时期任何爱国者都必须具备的情感。民族自尊心能增强我们自立向上的恒心,民族自豪感能树立我们建设祖国的信心。要树立"祖国高于一切"的崇高信念,为了祖国和人民的利益不惜抛却个人的利益,甚至不惜牺牲个人的生命。要树立终身学习的理念,拓

宽自己的知识面，广泛吸收新知识新技术，完善自身的知识结构，更新学习知识的方法与理念，从思想上、知识上充分武装自己，为祖国的繁荣昌盛贡献力量。

　　爱国主义思想的继承和发扬，是关系到民族盛衰、国家兴亡的根本问题。一代代人爱国主义思想情操的形成，需要不断地培养。培养爱国主义的一个重要途径是向爱国主义的英雄人物和典范事迹学习。这套丛书的出版，对于人们向英雄和先进人物学习，特别是对于在中小学生中进行爱国主义教育，将可提供一些生动的教材。祝愿此书出版发行成功，为培养"四有"新人作出贡献。

于 2011 年 4 月 23 日

世界读书日

中华爱国人物故事

目 录
CONTENTS

目 录。
CONTENTS

立志科技强国

1924年6月的一天，邓稼先出生在被称为"乞丐王国"的安徽省。他小的时候，每当听到"凤阳花鼓"哀怨的歌声，便觉得黯然心酸。但是，更使他悲愤难忍的是外国人说中国人是"东亚病夫"，是他耳闻目睹日本侵略者践踏祖国半壁河山的种种悲惨景象。

邓稼先的父亲是一位很有名气的学者，从事艺术美学研究，在清华大学任教。邓稼先到了该上学的年龄，父亲把他从安徽老家接到北平来读书。在父亲的影响下，邓稼先学习非常用功，从来不贪玩。记得有这样一件事情：

有一天，邓先生得知著名京剧演员梅兰芳出台演出，他就为酷爱京剧的儿子——邓稼先买了一张戏票，但是等了好长时间也不见儿子出门，他就推门想召唤，不料发现计算的稿纸散落遍地，原来邓稼先已沉醉于一道趣味数学题之中，正一腿屈放在椅子上，一腿"金鸡独立"于桌前，聚精会神地挥笔运算呢。父亲一见这种情景，就不忍心打扰他，便弯下腰拾起满地的计算稿，然后默默地坐在椅子上，竟忘了去看戏。直到邓稼先"嘿"的一声拍拍脑门笑着说："成功了，看戏去啰！"父亲才猛省，看了一眼挂钟，也笑了，他接着说："好戏已经收场啦。"

1934年邓以蛰子女在北平，右一为邓稼先。

　　人生戏剧总是表现在历史大舞台上的。

　　日本帝国主义侵略中国并占领了北平。鬼子哨兵规定：凡是路过岗亭的学生必须脱帽致敬。对这个无理的、侮辱中国学生人格的规定，邓稼先异常的气愤。于是，他就想出了应付的办法，不戴帽子。这样，每天就有一个光头、不戴帽子的学生从鬼子岗亭前路过。有的时候

邓稼先雕像

鬼子不让他过，邓稼先就穿胡同，上学迟到了，被老师批评、责罚也不吱声。父亲听到老师告状，知道事情的经过后，也只是一笑了之。

还有一次，日本侵略者占领了我国某一城市，北平的日军就强令学校学生手持日本太阳旗上街游行祝捷。在游行期间，邓稼先把手中的膏药旗扔在地上，并用双脚踏过。鬼子发现后，责令校方追查严办。校长查明，又是邓稼先！于是登门拜访邓先生，并对他说：快叫贵子离开北平吧。邓先生笑着回答道："我正有此意。"

当天晚上，父亲对儿子关切地说："跟你姐姐去天津，乘海轮，绕道上海，去重庆找你叔叔补习课程，然后考西南联大。去吧，孩子，好男儿志在四方……"

从此以后，邓稼先开始了独立的学习生活，并考入了西南联大。

西南联大，坐落在昆明。昆明原本是一个四季如春的美丽城市，但是在抗日战争时期，昆明的上空经常笼罩着日机空袭的阴影。邓稼先和同学们听到警报后，都躲到市郊的防空洞里，有时便在那里复习功课或听课。

邓稼先，他已饱尝了流亡之苦。

他在西南联大，看到了许多教授摆摊卖书，挂牌刻印；看到了许多爱国人士惨遭国民党特务的杀害；看到了广大人民群众反对国民党内战独裁统治而举行的示威游行队伍……这一切都深深地印在了他的脑海里，激起了他强烈的爱国热情。好不容易毕业了，邓稼先回到了北平，任北大物理系助教。

北京爱国学生震怒了！

邓稼先震怒了！

日本帝国主义这条狼被驱赶走，美帝国主义这条虎又随后入室，苦难沉重的祖国啊！

那天，他毅然下决心出国留学。当家里人问他为什么要出国学习时，他表情庄严而深沉地说了一句：

"要科技强国。"

1948年。

邓稼先满怀科学救国的理想去美国留学。他考入了普渡大学的研究生。仅仅两年的时间，他完成了当时的物理前沿课题研究，写出了关于粒子方面的论文，荣获了博士学位。有人劝他："稼先，留在美国吧！"

他摇了摇头，笑着挺一挺身，仿佛他那高大的身躯若站在别人的屋檐下，生活就很不自在。

1950年8月19日。

邓稼先放弃了优越的工作环境和生活条件，告别了好友，到洛杉矶港登船回国。

10月，这是金秋的季节。邓稼先和二百多位专家学者回到了祖国母亲的怀抱。

杨振宁、邓稼先、杨振平1949年在美国芝加哥大学。

一到北京，他就迫不及待地要到天安门广场去。

邓稼先在金水桥上踱步沉思：回国以后，自己能为获得独立和新生的祖国做些什么贡献呢？他又站立在华表旁边默想，苦难的历史渐渐幻化成庆祝中华人民共和国成立的游行队伍，仿佛听见惊天动地的礼炮声和欢呼声，他情不自禁地吟诵著名爱国者、诗人闻一多教授的一首诗：

"这话叫我今天怎么说，

你不信铁树开花也可，

那么有一句话你听着：

等火山忍不住了缄默，

不要发抖、伸舌头、顿脚，

等到青天里一个霹雳，

爆一声：咱们的中国！"

这首诗，如同运行于他心中的魂魄，好多年以后，当天真烂漫的女儿问他：

"爸爸，你躲到哪儿去捉迷藏呀？"

邓稼先

他便在天坛公园回音壁的一端，对墙吟诵这首诗，向子女传递难以言喻的豪情。

孩子们还是要问：为什么要"爆一声"呀？

"那可是个天大的秘密，暂时还不能说破。"

因为那是党要他为祖国实现一个神圣的任务。

"去放一个大炮仗"

1958年8月的一天。

早晨，邓稼先匆匆吃罢早点，骑上脚踏车，飞快地出了巷口，朝大街上驶去。从塔院朝中关村物理研究所去的路旁还有不少农田地，地头上，常常有一些废旧的铁器，是农民在犁地时发现的，拾出来堆在地头。邓稼先一边骑车一边观看路边地头上，有没有可以拾取的废物。

1958年，在中国来说，是一个非凡的年代。邓稼先这一时期，正在近代物理原子能研究所工作。该所的钱三强、王淦昌、彭桓武都是世界著名的物理学家，他们亲自动手为建设物理所装配成好几台实验器材。这件事，一时间成为中科院的美谈，使邓稼先深受鼓舞。他也效仿他的老师们，和几位年轻的科学家也想自己装配几台仪器，几天来，已经拾到一些东西，但离装配成功相差很远。他几次停车，走到路旁察看，想拾点什么，但是没有找到可以利用的东西，只好怀着遗憾的心情，蹬车驶向研究所。

邓稼先进入研究所的办公室，刚刚坐下要开始工作，所秘书小王走过来说道：

"科学院发戏票了，咱们所每人一张，今天晚6点的，是梅兰芳的《贵妃醉酒》。"

"那好啊，我最爱看京戏了。有这样的好事，怎么不早点告诉我。"

邓稼先与父亲邓以蛰、母亲王淑娟、妻子许鹿希在北大合影。

"钱所长找你有事，可能比看戏的事更好！"小王诡秘地说。

"是吗？"邓稼先像孩子一样高兴起来，"好事多多益善"。他想，所长找我有什么事呢？

这一时期，钱三强担任二机部副部长和研究所（后改名为原子能研究所）所长职务，还兼任中国科学院数理化学部秘书，而邓稼先是副学术秘书。这一年，钱三强45岁，比邓稼先大11岁。邓稼先称钱三强为老师，自从邓稼先1950年10月到中科院工作后，即在钱三强领导下进行科学院的建设工作。小王告诉他。钱所长找他有好事，他猜测，不是物理所的事，就是科学院数理化学部学术研究的事。他将屋子打扫干净后，坐下来准备开始一天的工作，打开抽屉和卷柜门，拿出大堆材料，正要阅读时，小王走过来，招呼他道：

"所长叫你到他办公室去一趟。"

"好哩！"邓稼先边锁抽屉、卷柜边答应，随即飞快地来到所长办公室。所长办公室离邓稼先的办公室只隔两个房间。室内只有一桌二椅一柜，陈设十分简单。邓稼先进屋时，看见所长在办公桌前正襟危坐地等着他，并和蔼地说道：

"小邓，请坐。"还亲自给他倒了一杯茶。

邓稼先慢慢地坐在所长对面的椅子上。

钱所长今天穿着暂新的灰色中山装，面带笑容，精神焕发，好像有什么喜事似的。

"咱们所准备建立原子能反应堆的计划拟得怎么样了？"

"草稿已经拟定，后天准时交稿。"

"很好，"钱三强又问道，"最近家里情况怎么样？

小徐所在单位忙不忙?"

钱所长问到这里,邓稼先的脸腾地一下子红了。所长所问家里的情况是指最近小两口有点矛盾。起因是邓稼先与妻子徐鹿希于1953年结婚后,1954年即生了女儿典典。1956年又生了儿子平平。一个四岁,一个二岁,徐鹿希是北京医学院神经解剖科的医生,忙于工作又照顾两个幼小的孩子。每天累得她喘不过气来,而邓稼先起早贪黑忙于物理所的工作,很少关心家庭和孩子。为此,徐鹿希对丈夫有些意见。这些情况被钱三强知道了,立即减轻了邓稼先的一些工作,并叮嘱他下班早些回家

邓稼先与家人合影

协助妻子料理好家务。一听到所长的问话，邓稼先回答道：

"典典和平平，有时在姥姥家或在爷爷家，家务事不多了。徐鹿希的工作比我还要忙，隔几天就是一个夜班，晚间有时还要出诊，还承担教学、科研任务，实在难为她了。"接着又诚恳地说道，"最近，我学会了炒菜，做米饭，蒸窝窝头，还有买菜，收拾屋子，都是我的事。"

"很好，"钱三强高兴地说，"我们要想在事业上有所成就，必须把家务事安排好。有些年轻人忽略了这一点，不仅家庭矛盾愈演愈烈，而且影响了工作，这是不应该的……"

说到这里钱所长沉思了一会儿，他今天找邓稼先谈话的主要目的，不是要过问他的家务事，而是要交给他一项极为重要的工作任务，当然这项任务也与家务事有点关系。他之所以不直接说出工作任务，是因为事先要了解一下他的家庭情况，看一看他能否承担这一极为艰巨的任务。

在50年代，党中央做出要研制核武器的决策之后，曾经想到要依靠苏联的帮助。我国派出人员与苏方签订了协议，他们在纸面上答应帮助我国制造原子弹，并派遣专家，运来原子弹教学模型，提供技术资料，这样一

来，中方也必须派出相应的科技人员和他们一起从事这项重要工作。

中国科学院和二机部的主要负责人提出来，要选择一名科学家，准备与苏联专家打交道，和他们一起搞核武器的研制工作；对这一人选，要求很苛刻，此人最好留过洋，有学位，政治条件好，觉悟高，处事灵活，不仅能和苏联专家合作。又要从他们那里学到东西。此人从中科院几百名物理科学家中选来选去最后确定一位人选，那就是经过钱三强推荐的既懂英文、德文又懂俄文的年轻的博士邓稼先，最后报请中科院和二机部，得到了批准。

这一决定，重新安排了邓稼先后半生的生命路程。钱三强推荐了邓稼先，就像美国的康普顿举荐了奥本海默成为美国原子弹之父，像前苏联的约飞鼎推荐了库尔恰托夫成为苏联氢弹之父。由于邓稼先优秀的人品和出众的科学素质，必然受到钱三强的举荐而走上重要的科研工作的第一线。

钱三强找邓稼先谈话，先兜了个圈子，谈些家务琐事之后，笑着问道：

"小邓，上级想给你调动一下工作，让我先与你商量商量，看你愿不愿意？"

"行啊，领导想调动就调动呗。"邓稼先微笑道，

“反正不能把我调离中国。”

“当然不会，而且，还会在新的工作岗位上更能发挥你在核物理专业上的才能。”

“那敢情好！”邓稼先有些高兴起来。

钱三强站起来，走到邓稼先身边低声说道：“让你去放个大炮仗，如何？”

“大炮仗？”邓稼先首先想到了春节，他最爱放炮仗了，一百个头的小鞭，二千个头的十响一咕咚的大鞭、二踢脚、麻雷子，他都放过。尤其是放二踢脚最过瘾，别人都是放在地上点燃而他是拿在手上点燃，有一响在手下爆炸，产生一股推力。将上半截纸筒送上天空，第二响，凌空轰鸣，响彻四邻。还有放麻雷子，它比“二踢脚”要粗大数倍，很多大人都是置于地上点火。而他却是在手上点火，然后扔上天空，在空中爆炸，犹如春天的炸雷。可邓稼先想，所长所说的“大炮仗”，显然不是春节所放的鞭炮，也不是远程轰炸机所携带的几千吨的重磅炸弹，而是“非凡的奥比”，在美国荒野上点燃的蘑菇云，是二战末期，让几十万日本人化为灰烬的胖子和瘦子，也是在西南联大和美国普渡大学老师们一再讲过的他也很想去点燃的惊天地泣鬼神的“大炮仗”！

“放大炮仗？真是令人神往的事情。”邓稼先自言自语地说，“我能行吗？”

"为什么不能行？"钱三强反问道，"谁也不是生来就会放炮仗，只要刻苦学习奋勇拼搏就没有学不会的，你有在国内学习物理学的基础，在普渡大学原子物理的成就，这个任务，恐怕是难不倒你的。"

"这个担子实在是太沉重了！"邓稼先低声说道。"说得对！"钱三强郑重地说道，"正因为沉重，才把任务交给你。你应当了解，我们国家拥有'大炮仗'的重大意义，约里奥·居里曾经捎信给毛主席说：'要反对原子弹，你们必须自己拥有原子弹'。从这句话中可以看出，从事这项工作对保卫祖国、保卫世界和平有多么重大的意义。""那么，我的具体任务是——"邓稼先对担任这一工作将会给自己的后半生带来什么变化，他一时还想不清楚，但他已经服从组织的调动了。

"你和几位老科学家一起负责'大炮仗'的研制工作，具体任务等报到时再说。你当前的工作是，下班回去后将家务事安排好。这是件相当绝密的工作，我们物理所的保密条例，你已经学习过，我就不重复了。"

当邓稼先听到让他承担这一工作任务时，心情十分激动。当他将任务接受下来之后，心情难以平静。最后与所长道别时，用颤抖的双手紧紧地与其握别。

这一天，邓稼先回家比平时晚一些。将办公桌和卷柜的东西收拾一下，将几件没有办好的事情办完。别人下班都很长时间了，他才慢悠悠地骑着自行车回家。一路上脑子里乱糟糟的，想了很多很多。对于将要承担的重任，既高兴又担心，好像理不出什么头绪来。他家住在西郊的北京医学院宿舍，为四层灰色楼房。位于三层，是一个二居室的房子。楼房四周是农田地。邓稼先信步走上楼，推开房门，只见典典和平平已经被妻子许鹿希从姥爷家接回，正在室中玩耍。孩子们看见爸爸回来了，欢笑着像一对小鸟一齐扑到他的面前，他两只胳膊一齐抱起一双儿女，使劲地亲了亲他们胖胖的小脸蛋：他们也用散发着乳香的小嘴亲着爸爸的脸庞，并高喊着：

"爸爸！爸爸！"

他们的声音，一个赛着一个高吭、亲切和甜蜜。

许鹿希在厨房中忙着端出来饭菜，随口问道："今天怎么回来得这么晚？"

邓稼先只是"嗯"了一声，算是回答。晚饭后，他坐在椅子上沉思，好像心不在焉的样子。

许鹿希是位贤慧细心的妻子，他见丈夫似乎有什么心事，便问道：

"稼先，你怎么了，是不是遇见不顺心的事儿？"邓稼先没有回答，他不知从何说起。只是摇了摇头回答道：

"没什么事……"

入夜，熄灯以后，邓稼先在床上翻来覆去睡不着，

面对着妻子儿女，即将与他们长时间地分离不能见面，心情十分压抑；许鹿希躺在丈夫身旁，见其心事重重，猜想他有可能发生了什么重大事故难以开口，也是辗转反侧，难以入眠。月光西斜了，斜长的窗影从地板上移到东墙上时，邓稼先终于开口轻声说道：

"希希，你别担心，我没发生什么事，只是我要调动工作了。"

"唉哟。"许鹿希叹息道，"调动工作算得了什么？我寻思发生了什么大不了的事呢！要调到哪里？"

"不知道。"

"怪了，调到哪儿去还不知道。那么，干什么工作呢？"

"不知道，也不能说。"

"噢，莫不是保密工作吧？那么到了工作地点给我来一封信，告诉我回信的地址，总还可以吧？"

"恐怕这个也不行！"

许鹿希有些糊涂了。心里想，这是干的什么工作？莫不是像电影里演的那样，当上侦察员了，要潜伏到台湾、美国去！可是她又一想稼先只是个书呆子，连枪都不会放，也没经过专门训练，况且他也不是那块料。

邓稼先接着又说道：

"希希，我去干什么工作，就不要再问了，总之，我不会去干坏事。我所担心的是，今后恐怕照顾不了这个家了，不能帮你料理家务，照看孩子了……这些全靠你了。"

许鹿希更加茫然了，她像一下子掉进冰窖里，不知所措，也不知说什么为好。这一年她才30岁，要带两个幼小的孩子，要照顾有肺病的公公和有哮喘病的婆婆，同时她还要钻研神经解剖医学上的无数个难题，追求自己事业上的前程……这些困难，都落在自己一个人身上，她怎么能承受得了呢？

隔了一段时间，邓稼先又说道：

"我的生命就献给未来的工作了，这件事做成功，我这一辈子就过得很有意义，就是为了它，粉身碎骨也是值得的！"

听到丈夫说出这样的话，许鹿希不想再说什么了，也不再深思了。她认为丈夫一定是去做一件有关国家利益的大事。她了解丈夫的性格，他想要干的事，会一往无前地干到底，就是有十头牛也拉不回来，作为妻子，要做出牺牲，支持丈夫的工作，不能用家务事拉后腿，分他的心。她侧过身来靠近丈夫，温柔而轻声地说：

"稼先，我支持你的工作。家里的事，你就放心吧！再重的担子我也能挑起来。虽然爸、妈身体不好，不是还有平平的姥爷、姥姥吗？"

邓稼先和杨振宁

邓稼先没有再说什么，只是轻轻抚摸着妻子近来有些瘦弱的肩头，听着另一张小床上一双儿女微微的鼾声和呓语。这一切实在是令人揪心的事，虽然已经得到妻子的支持。但是，当他想到，搞"大炮仗"工作，从此要隐姓埋名，不能公开露面，不能和亲戚朋友交往，上不告父母，下不传妻子儿女，这一切太束缚人了。而且还要把家庭重担交给一个只有30岁的妻子，他的心中是难以平静的；然而，一想到贫穷落后的祖国，近百年来受到的凌辱，日本兵在北平的横冲直撞，在南京制造的血腥大屠杀……想到钱三强所长的嘱托，和居里夫妇对中国的保卫世界和平的期望，他又兴奋起来。这一夜，邓稼先在难以平静的心情中度过；许鹿希也在担心、疑虑和痛苦的心情中遭受着折磨。他们夫妇的心情尚未平静下来的时候，窗外已经出现了鱼肚色。温暖的太阳将要升起来了。

当他们稍稍假寐了一会儿之后，即起床梳洗。许鹿希低声说道：

"稼先，爸妈那里和孩子姥姥家讲不讲这件事？"

"一个字也不能讲，他们问起，就说我出差了！"

"今天就去报到吗？"

"是的"。

许鹿希帮着丈夫收拾好行装，将他送到公共汽车站，望着飞快行驶的公共汽车，站在那里好久未能离去。

从此，邓稼先走上了研制"大炮仗"的生活路程，而且在社会上"失踪"了。

创造太阳的人

  遵照钱三强所长的安排和嘱托，邓稼先背着行李，来到北京北郊，元大都遗址附近的一幢五层高的灰楼。该楼远离城市，四周都是坟场。楼门前戒备森严，需要一种特别的身份证才可以出入。

  邓稼先掏出介绍信，由卫兵引导才进入楼内。接待他的是一位身材魁伟、风度翩翩的佩有少将军衔的将军，将军说道：

  "欢迎，欢迎，邓博士。好几天前，就听说你要来，我们非常高兴！"

  "叫博士，很不习惯。"邓稼先说道，"以后就叫我小邓好了。"

  "我先自我介绍一下，"将军说道，"我叫李觉，十八子李，觉醒的觉。原来在西藏军区工作。今年一月份，组织上派我来负责搞核武器研制的领导工作，怎样研究和制造，我是一窍不通，研究所的架子刚刚搭起来，你是建所的首批人员，今后研究所就要靠你们这些博士了。"

"制造原子弹，我也不懂。"邓稼先说道，"我在美国研究的是核子物理，距离制造原子弹还差十万八千里。"

"那没关系，谁也不是生来就会制造那玩艺儿，"李觉说道，"不会就学呗，你的书底厚，学起来总会容易些。"

"哪里，哪里。"邓稼先赞同道，"只要下苦功夫钻研，用不了几年，我们肯定也都可以学会。"

"我看你很年轻，只好叫你小邓了。"李觉道，"我们这个单位对内叫北京核武器研究所，对外就叫九所。研究项目的代号叫"02"工程。归国务院二机部领导。已经和部里领导研究了，你就当核武器研究所的理论部主任，你的任务有两项：第一项是培训研制人员；第二项是向苏联专家学习。怎么样？小邓，任务明确了没有？"

"很明确。"邓稼先道，"培训人员从那里来？怎样培训？"

"从大学毕业生中挑选。"李觉道，"培训方案和教材就由你来定，你既是他们的领导，也是他们的导师。"

邓稼先接受了任务之后，立即开始了他的培训工作，首先，他跑遍了北京市，找到他熟悉的研究核物理的老师和查遍了图书馆，借到四本原版俄文书：柯朗特《超音速流和冲击波》、泽尔多维奇的《爆震物理》、戴维森的《中子输运原理》和格拉斯顿写的《原子核反应堆理论纲要》这四本书，作为培训教材；其次，他亲自制定了一个培训计划，采用边学边译边讨论的方式，力争在短时间内，将这四本书学懂弄通；第三，是他和几位工作人员，从全国名牌大学应届毕业生中，挑选了28名优秀毕业生，来研究所参加培训。

一切准备工作就绪，邓稼先就带领这28个学生，正式开始了如何制造原子弹的业务培训。

邓稼先的业务培训班，设在神秘灰楼的一个大房间里。室内有一个长方桌，周围摆一圈长凳。毕业生们围着长方桌坐着，等待着上课。年轻人坐在一起。免不了喊喊喳喳耳语，议论他们的老师。有的说："听说咱们的老师叫邓稼先，是留美的博士，会英德法俄四国外语，还是中国科学院数理学部学术副秘书呢？"还有的说：

"我见过邓稼先，有1米80的大个，脸色白嫩，显得可年轻了。"

"昨天中午我报到时，看见在篮球场上打中锋的是不是邓稼先？他的篮球打得挺棒。"

正在大家议论之时，一位身材高大、娃娃脸、穿着朴素的小伙子，走进了培训班，冷眼看分明是个篮球运动员。学生们立刻站起来，七嘴八舌，说道："博士好！教授好！老师好！"乱叫一气，表示欢迎。这位小伙子，也找了一个凳子，坐在长桌边，说道：

"快坐下，快坐下，不要乱叫，你们就叫我邓稼先好了，如果省一个字就叫我老邓，因为我只比你们大几岁。你们都比我小，我就叫你们——小蔡、小朱、小胡、小王……"邓稼先招生时看过他们的照片，凭记忆，认出了好几位。又说，"我看你们几位身体挺棒，我爱打球，咱们组成个篮球队够用了。"

一句话逗得毕业生们嘻嘻直笑，立刻无拘无束了。

邓稼先拿出四本俄文原版的书给大家看，然后说道：

"我们这个培训班，没有老师讲课，就是学习这四本书，采取边读、边译、边讨沦的方式，直到学懂弄通为止。"

"学好这四本书，就可以制造原子弹了吗？"有的学生问道。

"当然还不行。"邓稼先说道，"但是，可以肯定，这四本书是打开核秘密的四把钥匙。只要把这四本书啃透了，就可以摸到原子弹构造最深层的奥秘。进而就可以掌握它的理论，制定出方案来，下一步就是进行实验了。"

　　学生们听了兴奋异常，有些人在凳子上都坐不住了。都有跃跃欲试的心情和举动。紧接着邓稼先又说，"今天是培训班开班第一天，咱们先不研究"02"工程，我要向大家讲几件事情：第一，我们今天所参与的事业，是

人类第一颗原子弹准备试爆

惊天地、泣鬼神的事业，它的意义十分重大，你们比我明白，我就不多说了；第二，这项"02"工程，刚刚起步，八字还没有一撇，要绝对保密，我们都要拿脑袋担保，出门不能乱讲，对亲娘老子，对亲戚朋友，还有最亲爱的，都不能透露半点风声，要守口如瓶，否则，这脑袋瓜没准就搬家了；第三，我认为研制原子弹，不是轻而易举的事情，而是很难很难的工作。据我所知，美国的原子弹，有很多外国科学家热情参与，才制造成功的，其中有原是德国籍的爱因斯坦、有意大利人费米、匈牙利人西拉德，英国人恰克威德等等，好多国家的著名科学家，都去帮助美国攻关，还有奥本海默、泰勒、福克斯、狄拉克等人的积极努力奋斗，这样，于1945年7月16日，在美国新墨西哥州的荒漠上，才爆炸了第一颗原子弹。这是400多名科学家，苦战三年的劳动成果，你们看看，这是件容易事吗？那么，苏联呢，他们虽然没有外国科学家参与，但他们国内早就两个核武器研究中心，他们核物理的研究成果，不亚于美国的那些科学家。他们的研究条件虽然比美国差，但比我们中国要强好多倍……而我们呢？真可以说是一穷二白，要说条件，我们只有一个，就是我们这些年轻人，有一股初生牛犊不怕虎的精神……。"

邓稼先讲完话后，那些兴高彩烈的学生们都沉默了。

他们已经清楚地认识到。他们这支队伍，无论怎么说，都无法与奥本海默、库尔恰托夫那两支世界级科学家队伍相比。然而，第二天。他们的培训班还是正式开课了。

上课时，他们围着长方桌坐下，学习那四本经典论著。先由一位学生逐章逐节朗读，然后大家一起翻译，直到译得准确为止，然后将中文译著油印成册。大学生们都有一定的俄文基础，但翻译如此深奥的学术著作，确实困难很多。有时把"拉下布套"译成"脱光裤子"引起全屋哄堂大笑。过后，由邓稼先予以纠正。

寒来暑往，到了春节，总共29位年青人终于消化了泽尔多维奇、柯朗特、戴维森、格拉斯顿等四位学者撰写的经典论著，他们基本上摸到了通往核武器秘宫的通道了。

培训班的学习告一段落时，邓稼先向九所领导做了汇报。李觉兴高彩烈地说道：

"小邓，你的'02'工程培训班办得太好了，现在盖大楼、修厂房都要奠基，这样盖起的大楼才会基础牢固，不会倒塌。你办的培训班，也是奠基？是给研制各种核武器奠基，你这个基础打得牢，我们今后的研制工作就会顺利进行。"

接着李觉向邓稼先布置下一步工作是迎接苏联专家，向苏联专家学习。他郑重地说道：

刘西尧和夫人陈景文(左三、左四)与邓稼先和夫人许鹿希(左一、左二)、李英杰和夫人刘书娥(左五、左六)在九院合影。

　　"小邓，你的'02'工程培训工作，第一炮打响了，向苏联专家学习的第二炮也要打响，我们中国的小伙子，就要超过奥本海默，创造出世界的奇迹。"

　　1960年，核武器研究所，改为核武器研究院，对外称九院。除李觉继续任院长外，又增加了吴际霖、朱光亚、郭英会三位副院长。还调入王淦昌、彭恒武和郭永怀三位科学家。邓稼先和他的战友们下决心要研制出中国自己的原子弹，他们将这颗原子弹的代号定为"596"。研究院从北京郊区灰楼陆续迁往青海省海晏县青海湖附近的金银滩。那里是高原地带，空气稀薄，人每走上几步就感到呼吸困难，头晕目眩，气喘嘘嘘，研究院占地方圆几百里。建起了实验室、发电厂、机械加工厂、炸药制造和实验区，以及一些宿舍、电影院、浴池和警卫军营等。在这里集中了数千名从海外归国的专家、学者以及大专院校毕业生，他们都为了"596"在积极贡献力量，使研制原子弹的事业蓬蓬勃勃地发展起来了。

进行原子弹理论设计的重担，首先落在理论部主任邓稼先身上，他在理论物理学家彭恒武教授的指导下，开始了"596"的理论设计工作。

原子城——基地展览馆

中国第一个核武器
研制基地纪念碑

　　彭恒武这一年45岁，正当壮年。他原是近代物理所
理论物理研究室的负责人，为了加快"02"工程的建设
速度，中国科学院将他也派来九院，任副院长，加强
"596"理论设计的领导工作。

　　他来到九院后，看到邓稼先领导的理论设计部，工
作进展很顺利，很高兴。他对邓稼先说：

　　"小邓，你的工作十分重要，如果把"596"比做一
条龙，你的理论设计就是龙头，所以龙头设计丝毫马虎

不得，如果稍有偏差，就会危及几十万人的生命。"

邓稼先对彭教授的教诲，始终铭记在心上，他知道自己有爱玩的毛病，每当领导理论设计时，他就全神贯注，一丝不苟，把玩心抛至九霄云外。

他领导一批年轻人，分成三个组，一是中子输运组；二是流体力学组；三是高温高压下的物质性质组。以这三个方面作为主攻方向。邓稼先全面掌握这三个组，他自己又亲自领导高温高压下物质性质组，进行了爆炸力学、中子输送、核反应、中子物理、高温高压下物质的性质等各种数据的计算。当时，我国没有大型计算机，只能依靠国外已经淘汰的手摇机。后来有了每秒仅运算百次的乌拉尔机，算个除法，要分几步走，算开方，还要查巴罗表。八个小时算，八个小时准备预案，一个月才算出一个结果。数九寒天，摇机器手都冻肿了，摇不动，大家就轮流干。由于只有一台手摇式计算机和一台

手摇式计算机

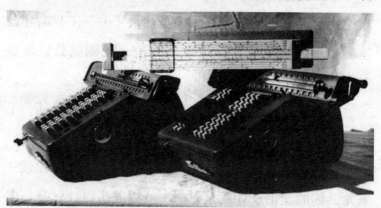

电动计算机，大家三班倒上机还是不够用，邓稼先就叫大家用计算尺和算盘辅助计算，房间里发出噼里啪啦的响声，像放机关枪一样，十分热闹。

可是在计算时，有的项目数据，先后计算几次，误差很大，弄得邓稼先和他的小伙伴们苦苦思索，食不甘味，夜难成眠。这件事被彭桓武教授知道了。他派刚从苏联杜布纳联合核研究所回国的周光召来到"596"理论设计部，对邓稼先他们计算的数据进行复查。

周光召原是彭桓武教授的学生，50年代末派往苏联杜布纳联合核研究所从事核物理研究。1960年，看到中苏关系恶化，响应毛主席自力更生发展核武器的号召，主动要求回国，参加"596"的理论设计工作。

周光召和两位数学家一起，对邓稼先他们所计算的数据参数进行检查时发现，问题总是出现在表达方式上，结果必然会出现差错。周光召为了把数据核实得更加准确，以便令人信服，于是他发挥其特长，大胆地提出一个新理论来验证这项计算结果，这一理论得到彭桓武的支持，并在"596"理论设计中发挥了重要作用。

这样，邓稼先在周光召等人的帮助下，经过一年的计算，不仅获得了"596"正确的计算结果和图像，而且也积累了丰富的数值计算经验，推动并深化了理论物理专业学科的研究，培训了一批既有一定理论基础又有数

值计算实践经验和分析能力的青年科技骨干。

1962年底，邓稼先领导起草了中国第一颗原子弹的理论设计总体方案，也叫"596"设计方案。他拿着这个方案向九院领导汇报时，二机部的领导宋任穷问邓稼先道：

"小邓，按照毛主席的要求，再有七八年时间，我们能不能造出原子弹？"

"用不了那么长时间。"邓稼先回答道，"一半也用不了，再有一二年时间，我们的'596'肯定会炸响。"

"好，太好了，全国人民都在盼望这一天。"宋任穷兴高彩烈地说道，"前几天，我参加中央一个会议，陈老总见了我，握着拳头问我：'这个，什么时候能制造成功？'我说：'快了，用不了几年。'他笑了，又握着拳头说道：'有了这个玩艺，我的腰杆就硬了，我的外交部长也好当了'。"

宋任穷的讲话给科学家们以极大鼓舞。邓稼先和他的战友们，在理论设计完成之后，为了使理论工作更好地与试验相配合。他们派出青年研究人员组成了工作组，前往核武器试验基地，参加现场实验，共同解决试验中遇到的理论问题。

这种实验，在"02"工程中叫做冷试验，试验场开始设在北京西北怀来县东花园镇附近的一个空场。在试验中遇到的麻烦是，设计的点火装置不起作用。按要求，点火装置由常规炸药组成，其爆炸必须精确聚焦，而且计时精度要达到微秒级，这样才能触发点火装置，释放出大量中子进入裂变芯。经过检查，发现点火装置不起作用的原因是炸药不过关。

为此，现场实验的领导，特聘研究炸药的专家，进行新炸药的试制，他们找到一口大锅和几只铁桶，用来熔化炼制新的炸药混合制剂。尽管这种制剂气味难闻而且具有毒性，但邓稼先和年轻的技术人员都不离现场，等待制成新的炸药，以便进行冷试验。

在大家的努力下，新的炸药，终于试制成功，爆炸时能够灵敏地触发点火装置，起到了释放大量中子的作用。

为了确保点火装置的准确性，王淦昌和邓稼先在实验场地，反复试爆，将第一发实验部件爆炸过后，不等硝烟散去，又将第二发实验部件点燃，他们一天内接连做了十多次试验，在冷试验中补充了他们理论设计的不足，使点火装置达到了尽善尽美的程度。

各个部件冷试验的不断成功，距离热试验——原子弹爆炸就近在咫尺了。

和不会经的和尚在一起

  邓稼先进入灰楼以后，他除了办核武器理论培训班之外，还有一项艰巨的任务，就是接待苏联原子弹专家，听他们介绍制造原子弹的经验，并等待苏联运来原子弹教学模型，以便进行研究仿制工作。

  起初，邓稼先与大学毕业生们都很高兴，他们自己已经学习了有关核武器的原理，再有苏联老大哥的技术援助，还有原子弹样品可以借鉴，用不了多长时间，就可以制造出中国人自己的原子弹了。

  1959年初，苏联向核武器研究所，派来一个专家组。专家组长名叫别列涅金，40多岁，有2米高的个头，蓝眼珠，高鼻梁，秃顶。邓稼先想，这位别列涅金，就是他的老师，应当虚心向他学习，不耻下问。别列涅金不会说汉语，只能说俄语和英语，邓稼先就用俄语和英语同他交谈。他把原子弹说得神乎其神，就是不讲原子弹的结构，以及它的制作方法和步骤。

一天，邓稼先找到别列涅金，问道：

"专家同志，听说原子弹教学模型很快就要运来了，我们应当做些什么准备工作？"

"准备工作应当相当充分，丝毫马虎不得。"别列涅金道，"教学模型非常娇贵，经不起震动，你们郊区这一带路不好，必须要修路，还要修一级的柏油路。"

遵照专家的指示，邓稼先和九所全体同志都参加了修路，很快将九所内外的路都重新整修一遍。路修好之后，邓稼先又去请示别列涅金道：

"专家同志，路已经修平了，还有什么准备工作要做？"

"教学模型运来之后，你们往那里放？"别列涅金反问道，"难道就放在灰楼里，和人住在一起吗？这样绝对不行，你们要修建一座模型厅，把模型放在那里面才可以。"

"模型厅应当修成什么样？有图纸吗？"

"当然有了。"别列涅金拿出一份图纸，交给邓稼先道，"务必按这个图纸，修建一个现代化的模型厅，这样才能保管好教学模型。"

于是九所又进行了总动员，大家齐心协力，昼夜施工，在三个月时间内，修建了一幢原子弹教学模型厅。

实际就是一幢豪华的舞厅，每扇窗户都很小，不用挡窗帘，打开灯光就可以跳舞。

模型厅修好后，请专家组来检查，别列涅金一伙人来了，里里外外仔细察看之后又说道：

"大厅修得很不错，你们是否考虑了安全措施，只有这么孤零零的房子，有歹徒来破坏怎么办？"

"我们不是有警卫人员吗？"邓稼先说道。

"那也不行！"别列涅金说道，"务必环绕大厅，铺上两米宽半尺厚的沙带，有歹徒接近大厅，我们立即就能发现。"

邓稼先想，咱们中国人没造过原子弹，不知道保存原子弹的规矩，老大哥的专家们这样要求，想必是有一定的道理。于是，就将铺沙带的意见汇报给李觉，李觉下令，三天之内将沙带铺好。

邓稼先亲自挂帅，从永定河边运来500多车沙子，按专家的要求只用两天时间，就把沙带铺上了。

邓稼先以为，做了这么多准备工作，应该是可以了。下一步应当是转入介绍原子弹的构成和制造方法。当他又去请教别列涅金时，他却用带有轻蔑的口吻说道：

"邓主任。模型大厅四周，只是铺上沙子就安全了吗？你是否动过脑筋想一想，还有没有更加有效的办法，让原子弹教学模型在你们中国保存期间。十分安全可靠，不会遭受意外的破坏。"

邓稼先长到35岁，从来没受到别人的奚落。他想，我们不是按照你们专家组的意见在不停的干吗？你们的要求我们都不折不扣地给予满足。可是别列涅金的话中带刺，使他实在忍受不了。他很想发火，朝苏联专家大骂一通，但又一想人家是我们请来的客人，有求人家，还是忍一忍吧，如果一发火，也涉及到中苏两国的关系问题。于是邓稼先只好和颜悦色地说道：

"制造原子弹，我们一窍不通，如何做好准备工作全听你们专家的了。你们怎么要求，我们就怎么干，干得不好，再重干，直到达到合格为止。别列涅金同志，你看怎么样？"

别列涅金看到邓稼先似乎要发火了，才悻悻地说道：

"模型大厅四周只铺上沙层，显然是安全系数并不高，我的意见是，在沙层外面再拉上铁丝网，这样安全系数就高了。"

"可以。"邓稼先同意专家的意见。他带领几名毕业学生和工人，只用了一天时间，就将高三米的铁丝网拉成。

邓稼先想，我看你还有什么意见？当他又一次去找别列涅金时，这回他对模型大厅说不出什么意见来了，竟主动对邓稼先说道：

"邓主任，我们应该转入制造原子弹的实践方面，首先应当有一批掌握制造原子弹技术的人才。"

邓稼先听了很高兴。他想，这回苏联专家该传真经了，不能老是做准备工作，便兴致勃勃地说道：

"人才已经有了，我们已经培训了28名优秀大学毕业生，他们已经学习了有关核武器的基本理论，完全可以掌握制造原子弹的技术。"

"不行，不行，"别列涅金连连摇头道，"需要一批获得博士学位以上的高级研究人才，你的那些毛头学生怎么能行？"

"为什么不行？"邓稼先这次可有点发火了，"我们这些学生都是国内名牌大学最优秀的的学生，而这些学生学的教材，都是参照你们名牌大学的教材编写的，学了你们编写的最先进的数理化知识的学生也不行吗？"

"当然，这些学生都是优秀的，不可否认，"别列涅金解释道，"但是他们有关核武器的专业技术知识还不懂，需要补课。"

"怎样补法？"邓稼先问道。

"补有关理论知识，还要有一定的实践经验。"别列涅金答道。

"哪些理论知识?还要有哪些实践经验?"邓稼先追问道。

别列涅金立即在纸上开列出25本必读的书，说由他们专家组派人负责讲课，等这些书都学会了，还要学生们去采石场实习，学习打石炮。

"学习打石炮，和制造原子弹有什么关系？"邓稼先大惑不解道。

"按道理，他们应当到原子弹试验场地去实习。"别列涅金道，"可是你们中国没有，只能到似乎有些危险性质的采石场去学习打石炮，感受一点爆炸的危险性，这样的学生才能逐步成为高级研究人才。"

别列涅金说得头头是道，邓稼先听了不知说些什么为好，简直叫人哭笑不得。为了维护中苏两国的友谊，

原二二一厂爆轰试验场

他只好同意专家组的意见，将大学毕业生组织起来，一边请苏联专家讲授那25本书，一边将学生送到八达岭的一个采石场去学习开山放炮。

苏联专家开课之后，邓稼先为了也要学习一些核武器制造知识，便抽空去课堂听课。一次，他进入课堂，恰好是别列涅金在讲课，他讲研制核武器安全操作的重要性时，竟讲起苏联某试验场，有一位金发女郎，因不守安全规则，被炸药炸上了天，尸首看不见于，只有一只高跟鞋落下来，还有一缕金丝发挂在白杨树的树梢上。他讲，那只高跟鞋如何巧小，金丝发又如何美丽，足足讲了一堂课。邓稼先听了不知说些什么为好。

课后，邓稼先去征求毕业生们的意见。毕业生偷偷地管秃顶别列涅金叫和尚，说这位和尚在课堂上只是胡说八道，不念真经，他们什么都没学到。毕业生们到了八达岭采石场，去了几次，早就学会了打石炮，很多人都不愿去了。

一天，毕业生们在所内院中做课间操，被别列涅金看到了，便找来邓稼先质问道：

"邓主任，学生为什么不去锻炼打石炮?"

邓稼先不能说他们都不愿去了，只好说道：

"专家同志，不要误会，这些人员都是刚调进来的技术工人，那些学生还在山上打石炮，请放心。"

苏联专家来到核武器研究所将近半年时间，没向邓稼先等传授任何有关研制核武器的知识，原子弹教学模型也迟迟不见运来。九所的科研人员都很生气，他们暗中都管别列涅金等专家叫不念经的和尚。等到6月份，别列涅金说北京天气太热，要回莫斯科休假，他买了一卡车布料，还有一大批北京土特产，就回国了，由此一去不复返。

也是在6月份，苏联专家组负责人，通知核武器研究所，由于种种原因暂不向中国提供原子武器技术援助。紧接着，专家们陆续撤走，最终，苏联和中国签订的200多项援建项目合同被撕毁。他们还扬言：

"中国20年以后，也造不出原子弹！"

这一时间，是1959年6月20日，李觉、邓稼先和他的战友们，气愤已极。他们为了不忘记这一事件，下决心要研制中国自己的原子弹，他们就将这颗原子弹的代号定为"596"。邓稼先暗中发誓：要为制造中国的"596"奋斗不息。

伟大的瞬间

1964年10月的一天，金风送爽，秋阳高照。

张爱萍将军接到周恩来总理的电话：

"爱萍同志，请马上来紫光阁，军委要宣布一项任命。"

张爱萍将军立即乘车来到中南海，在紫光阁门口，他遇见了另一位上将，第二机械工业部部长宋任穷。他们寒暄后，宋任穷部长说道：

"天要下雨，娘要嫁人，老大哥不帮忙，只有靠自己。"

张爱萍从遇见的核工业领导人说话的语气中明白了：第一颗原子弹就要爆炸了。

踏进会议厅，张爱萍看见党和国家的最高领导人，毛泽东、周恩来、刘少奇、邓小平，还有朱德、陈毅、聂荣臻三位元帅。

军委主席聂荣臻元帅郑重地宣布道：

"任命张爱萍同志为'596'试验现场总指挥。"

接着毛主席、周总理和几位领导都对进行第一次核试验做了指示，最后周总理说道：

"你一定要注意沙漠上的恶劣气候，1945年，美国核试验的第一颗试爆弹，就是因沙漠雷电而提前引爆的……，你们在研制过程中一定要做到：严肃认真、周到细致、稳妥可靠、万无一失。"

紧接着，准备进行第一次"596"试验的指示下达到"02"工程总指挥部李将军那里。张爱萍将军还指示李觉，要对"596"各个部件的设计做最后一次测算。由计算机专家周光召和另外两位数学家，重新进行计算核实。他们加班加点地工作，终于在第二天清晨，把数据送到靶心区。周光召和两位数学家，在"596"试验的备忘录上签上了各自的名字，证明试验成功率可以达到99％。

与此同时张爱萍将军还指示试验基地负责人张蕴玉将军，做好进行"596"试验的各项准备工作。要在试验靶心地区建起一座高120米的带有升降机的铁塔；在铁塔的四周，放置一些坦克、汽车、飞机、大炮等物品；还建有楼房、平房，里面装有动物、植物；还挖有地下防护洞等等。

在正式爆炸前，还进行了几次用常规炸药爆炸的模

拟演习。一切准备工作基本就绪，人们在耐心地等待确定"596"的起爆时间。

几天后，中央领导发展核武器委员会，根据西北地区的天气预报和各方面的准备情况，宣布爆炸的时间是10月16日15点整。

在"596"爆炸前，最担心的应该是"596"总体设计的署名者——理论部主任邓稼先了。他望着耸立于戈壁滩腹地的铁塔，一直是忐忑不安。他眼看着，用火车运来装有炸药的点火装置部件；紧接着又用飞机运来核芯体。工作人员将这两部分构件都小心翼翼地运送到高120米的铁塔上。当一切准备就绪之后，试验现场只留下几个人，剩下的几千人都撤离至几十公里外的安全地带。

当李觉、张蕴玉和邓稼先等最后一次登上塔顶，安装了电引线，做了最后一次检查，在离爆炸零时前50分钟才回到地面。然后，他们就迅速撤离到离试验塔23公里的地下，试验总指挥掩蔽部里。

这时，邓稼先浑身冒汗，每隔三五分钟就跑一次厕所，用来排解紧张情绪。他戴上大墨镜，背对爆炸中心，心中不断地默念着：

"老天爷，请相信我，我和我的伙伴们的理论设计和各个构件设计，没有丝毫差错，'596'会炸响的！"

当试验靶区空无一人，一切都显得格外安静时，起爆进入倒计时阶段。16日，总指挥部曾制定：起爆秘密代号叫"投篮"。由基地总指挥张蕴玉将军掌握起爆电钮。时针在飞快地转动，即将指向北京时间15点整——

10、9、8、7、6、5、4、3、2、1——投篮！总指挥按下起爆的电钮。

首先人们看到铁塔顶端炽烈的火光一闪，然后又听到"轰！！！"的一声，天崩地裂般的威猛的轰鸣，只见巨大的冲击波奔雷似地卷动沙浪，掀起漫天尘雾。一个硕大的蘑菇云在爆裂中隆隆升腾。好像怒耸而起的一个巨人：这一景观，在50里地之外，都可以清楚地看到。

当"596"、"投篮"的命令发出之后，张蕴玉将军还发出了几道特殊的命令：命令一架专用高空侦察机。直接从上升的云雾中穿过，收集放射性物质；命令另一架飞机开始进行36小时的飞行，收集整个试验场地区上空的空气样品；还命令炮兵部队发射火箭，从蘑菇云中收集沉降物品；还命令一个几十人的小分队，穿上防化服，乘车进入试验区，收集同辐射有关的数据和观察冲击波造成的影响和破坏程度。

蘑菇云升空之后，整个地下掩蔽部的指挥所里，人们都欣喜若狂。张爱萍、张蕴玉、李觉、王淦昌、邓稼先等领导和科学家们都激动得浑身颤抖。

张爱萍向科学家们问道：

　　1964年10月16日，中国第一颗原子弹在新疆罗布泊爆炸成功。

"我过去从来没看到过核爆炸，这是一次核爆炸吗?"

"是的!"王淦昌肯定地回答:"我在国外见过美国核爆炸的电影和照片，和这个蘑菇云一模一样。"

于是张爱萍操起电话，给二机部的领导挂电话，报告"596"试验成功的消息。紧接着二机部的领导把试验成功的消息又报告给等候在电话机旁的周总理和聂荣臻元帅。周总理说道:

"好，我马上报告毛主席!"

几分钟后，周总理直接给张爱萍将军回电话说道:

"爱萍同志，毛主席指示我们，一定要搞清楚是不是核爆炸，要让外国人相信!"

很快高空侦察机向总指挥报告:他们收集到的空气样品证实有大量放射性尘埃。

"很理想!很成功!"张爱萍将军向周总理报告:"根据飞机采集到的空气样品分析，这确实是一次核爆炸，请党中央、毛主席放心!"

10月16日下午，几千名文艺工作者在人民大会堂进行一场"东方红"大型歌舞表演后，等待国家领导人接见。下午4点钟，周总理接见了大家。总理做手势请文艺工作者们安静，然后郑重宣布:

"同志们，毛主席让我告诉大家一个好消息，我国

原子弹爆炸纪念章

第一颗原子弹，已经爆炸成功了！"

起初人们依然沉默着，甚至有些发愣，紧接着，欢呼声响遍整个大会堂。

周总理风趣地说：

"大家可以尽情地欢庆。但可要小心，别把地板蹦塌了！"

几小时之后，北京的中央人民广播电台，向全世界播送了这一消息。

这一夜，神州大地像过狂欢节一样，到处是沸腾的人群，到处是欢乐的海洋。人们互相传递这一信息，争相抢购《人民日报》的号外。"中国也有了自己的原子弹！"这一爆炸性新闻，也同时登载在各国报纸的头版头条上，在五洲四海产生轰动效应。

在美国，许多华人都争相购买当天的报纸，一遍又一遍地阅读中国爆炸原子弹的新闻，感叹祖国科技的进步和国防的强大。华人学者赵浩生说道：

"当中国第一颗原子弹试验成功的新闻传到海外时，中国人的惊喜和自豪是无法形容的。在海外中国人的眼中，那菌状爆炸是中华民族精神的花朵，那从报纸广播传出的新闻，是用彩笔写在万里云天上的万金家书。"

这一天，是炎黄子孙普天同庆的日子。

陈毅元帅在外交部，获悉原子弹成功地爆炸，乐呵呵地给聂老总打电话，说道：

"我们的原子弹爆炸成功，而昨天苏联的赫鲁晓夫已经下台了，可喜，可贺！为此，我要请客，要宴请中国的科学家，每人要喝上三大碗酒！"

17日上午，张爱萍将军在马兰城举行盛大的庆功宴会。他举杯巡回各个桌前一一向科学家们敬酒。当将军寻找大功臣邓稼先，向他敬酒时，宴会厅中，邓稼先却不见了。邓稼先到那里去了呢？

原来邓稼先看到了那欢腾的蘑菇云，用望远镜观察到靶心的情况后，随即穿上防护服，戴上防护面具，乘车进入靶心区，他看到高120米的铁塔，上半部已经气化为灰烬，下半部11根碗口粗的钢柱，像面条一样柔软，七歪八扭地瘫倒在焦土上。铁塔附近的飞机、汽车、坦克被抛出很远，挤成了一团团废铁。方圆200米的沙漠表面，全都凝固成了一层深绿色的玻璃状的硬壳。1000米处的房屋建筑只剩下断垣残壁，里面的动植物也化成灰烬……

我国的"596"爆炸成功后，随之而来的是"596"的武器化、小型化工作。

"596"的两化，必须进行各方面一系列的设计和试验。于是九院的科学家和基地的工人们，进行了多次弹头、引爆器、遥测系统、自毁装置和其他装置的设计和试验。首次试验是用卡车长距离运输核弹头，科学家们测量小型化的核弹头在运输中的加速度、振动、冲击、温度和湿度变化的影响；接着进行带无核部件弹头的导弹试验。第三次是在酒泉双城子发射一枚模拟核弹头导弹以便试验自毁系统；第四次是检验爆炸系统在飞行中的可靠性。

邓稼先对这四次试验非常重视，武器化、小型化一些关键部件均是由他主持设计的。所以，每当试验必亲临现场，准备取得第一手试验资料。尤其是第三、第四次两次试验，遵照聂荣臻元帅的指示，他吃、睡在基地，有时一天只睡三四个小时，来不及吃饭就对付两个馒头。有时刚刚睡下，电话铃一响，穿起衣服就走，连夜赶路，来到现场及时处理、解决问题。这样，经过一个阶段的摸索实践，他们在核武器系统特殊情况下的整体性能的研究，取得了突破性进展。

1966年10月，九院决定在国内进行一次导弹核武器爆炸试验。这次试验的核弹和导弹是由邓稼先和五院的科学家们联合设计完成的。试验风险很大。我国在自己的国土上，发射带有核弹头的导弹，飞行1000多公里，最后落到核试验基地爆炸。如果，设计上有一点差错，核弹头就会偏落到哪一个城市或农村，造成日本广岛和长崎发生的惨不忍睹的后果。

在试验前一个月，周总理命令由聂荣臻元帅担任现场总指挥，在双城子组成了试验小组。邓稼先是实验小

原子弹爆炸设想图

组成员之一。聂荣臻元帅在试验小组会议上说道：

"爆炸了第一颗原子弹，全国人民都在欢欣鼓舞，可是原子弹不是摆起来看的花瓶，而是用来打仗的武器，要用于实战，我们即将要试验的导弹核武器，就是用于实践的手段之一，举世瞩目，丝毫也马虎不得。不知道你们五院和九院的设计者和制造者，有把握没有？能不能继续为祖国争光。"

"我们五院设计的远程弹道导弹，可确保万无一失。"五院的一位领导说道，"我们已经进行过12次发射试验，没发生任何事故。"

"你们九院怎么样？"聂荣臻元帅问道，"有把握吗？"

"我们对弹头已经进行了数次模拟试验，"邓稼先说道，"遵照周总理的指示，做到了'严肃认真，周到细致，稳妥可靠，万无一失'，我们理论部对我们的设计，敢打保票，可以说，有绝对的把握。"

"很好，这样我就放心了。"聂荣臻元帅郑重地说道，"你们在我的面前，敢打保票，我就敢到毛主席、周总理面前立军令状，为亿万人民负责！"

1966年10月26日，聂荣臻元帅乘飞机赴甘肃酒泉附近的双城子，命令第二炮兵部队指挥员再一次向他汇报了有关发射导弹安全程序方面的详细情况。27日，东风

2号中程弹道导弹携带2万吨当量核弹头，发射至新疆西部800公里处的试验场。发射后。他立即飞往新疆基地弹着区，评估核弹头爆炸威力和导弹的精确度。

在27日发射当时，邓稼先和九院理论部的科学家们和五院的同行们，虽然在元帅面前打了保票，但是，还是捏着一把汗。他们自己认为没问题了，如果那个环节出现了差错，试验必然遭到失败。

当接到试验基地传来的好消息，说："导弹核武器试验成功！弹着点十分精确！"邓稼先和全国人民一样，感

中国核导弹升空

到欢欣鼓舞。他和科学家、技术人员和工人们一起，走上街头，载歌载舞，欢庆胜利。

至此，我国已有了实战用的核武器。1966年年底，携弹核武器的东风2号弹道导弹开始装备第二炮兵部队。在科学家和工程技术人员共同努力下，我国"596"的武器化、小型化的宏伟工程，迈开了坚实的第一步。

紧接着，按照原定计划，理论部的科学家们又开始进行火炮、坦克、巡洋舰、潜水艇等使用的小型核武器的理论设计，这些核武器的爆炸原理虽然相同，但发射器具和运载工具不一样，所以在核武器设计上也有很大难度。这些核武器没有样弹可以借鉴，只能靠试验取得准确的数据，要不断修正设计方案，使设计少走弯路。

邓稼先在试验中，多半都亲临第一线，不顾个人安危，奔赴最危险的地区。有一次，试验出现异常情况，他不顾劝阻，亲自带人赶往危险地区，找到出事点，拿到第一手重要资料。又如在制造小型化的核弹头时，在总装车间，插雷管是最危险的工作，他也每次都亲临现场，给工人们以极大鼓舞。人们说："有老邓领头，我们还怕什么？"

一天深夜，邓稼先接到一位工程技术人员的长途电话，说他们负责制作一个"596"部件，发生故障，随时都有发生爆炸的危险，请他火速赶往工厂区。

邓稼先二话没说，叫来一部小车，命令司机以最快的速度驶向厂区。

这天夜里，风狂雨暴，小车沿着盘山公路狂奔，万丈悬崖下，洪涛如千军万马，汹涌澎湃，发出惊天动地的轰鸣。汽车驶到一座桥的左岸，司机突然停车，只见洪水已经没过桥面，司机不敢再往前开了。

面对即将要涌过桥面的洪流，邓稼先毫不迟疑地说道：

"快，要赶在大洪峰到来之前冲过去！"

在邓稼先的督促下，司机猛踩油门，汽车在水花中驶过桥面。车刚驶上对岸两丈多远，只见有四层楼高的洪峰卷过桥面，撞击山崖的巨响震耳欲聋，腾空的水雾如雨袭来，强大的汽浪已形成暴雨。

司机吓得手颤脚软，几乎踩不动油门了，喘着粗气道：

"老邓，咱们差点没喂鱼虾呀。"

"没事，"邓稼先掏出一支烟点着了塞进他的嘴里，笑道，"咱们福大，命大哩！"说完，他自己悄悄掏出手帕，将额头的汗珠擦了又擦。

汽车开到厂区，邓稼先下车走进车间了解情况，当场提出排除故障的办法，一直陪同工程技术人员将"596"部件调整到正常安全状态。不久，天就大亮了。

厂区领导和工人们发现，邓稼先只穿了一只拖鞋。

那一只拖鞋哪里去了呢？几位工作人员帮助寻找，以为丢在汽车上或车间里，找了半天都没有。当邓稼先返回九院时，才发现那一只拖鞋，还在院部居室的床下，是在匆忙中，没有来得及穿。

由此，在九院和基地的人们中，就开始流传老邓穿一只鞋排除故障的故事，一时成为茶余饭后的佳话。

还有一次，在试验基地，在准备放置"596"装置的厂房里，一位工作人员在检查准备吊装"596"装置的吊车时，按动电钮，发现吊车落下时，闪出了一个电火花。这时已是清晨五点多钟，这位工作人员就将这一严重情况报告给邓稼先。

这一天，邓稼先已经加班到深夜，刚刚躺下休息。他接到电话后，立即起床，穿好衣服，赶到现场。他问明原因后，将吊车反复试验，可是电火花竟不再出现。邓稼先问道：

"出现电火花，你看得准确吗？"

"很准确。"工作人员斩钉截铁地回答道，"是闪出很亮的电火花，看得真真切切。"

"你的这一发现，很重要，我们一定要查清原因，如果这一个火花，我们没有发现，就会引爆"596"，造成难以想象的后果。"随即，邓稼先表扬了这位工作人员，并决定成立专门小组，要把问题查个水落石出。他和小组人员一起，一丝不苟，找出各项记录，逐项检查核对，从清晨一直干到下午四点多钟，终于查清了原因，消除了这一重大隐患。

邓稼先除了具有严谨的科学态度，对研制工作兢兢业业、一丝不苟之外，还从不以领导自居，保持民主作风。他在工作中善于听从别人的意见，从不以势压人，每当出现新问题，他总是把科学家、工程技术人员和工人召集在一起，不论职位高低，共同进行民主讨论。

有一次，理论部的一位青年科学家，在有关"639"实战化的问题上发生意见分歧，邓稼先和院领导李觉等都认为，从小型的"639"到实战用的"639"，可以省掉两次热试验。可是，这位青年科学家认为：这样做虽然有成功的可能性，但是根据不够充分，为了使"639"研制的整个过程具有扎实稳妥的理论根基，热试验一次也不能减少。他们整整争论了一个晚上。最后，邓稼先经过慎重思考，认为这位青年科学家的理由很充分，阐述得很有道理，他终于虚心地放弃了自己的意见，并且主动承担了向院领导李觉等进行解释和建议改变做法的责任。

邓稼先为了研制新型"596"，使其达到实战化、小型化，做到了他经常讲的"一不为名，二不为利，但工

作目标要奔世界先进水平"的信条，在"596"两化的许多重大理论问题和探索性研究工作上，都是他亲自参与、把关、最后拍板的，很多方案也是他亲自撰写、签署的，所以，他所完成的工作也是第一流的。这就是我国核武器两化之所以快速圆满完成的主要原因之一。

在新的起跑线上

苏联的原子弹之父库尔恰托夫于1960年，走到生命的终点；美国的原子弹之父奥本海默，于60年代初在他50岁生日时，被美国当局拘留审判。两位震惊世界的核科学家，就像夜空的流星，骤然消失之后，他们被泰勒和萨哈罗夫所取代。

只有中国的邓稼先，在完成了原子弹理论设计的重任之后，又接受了准备攻破氢弹研制的难关。

早在1963年年底，当我国突破原子弹的理论设计之时，聂荣臻元帅就找到邓稼先，说道：

"娃娃博士，祝贺你们这么快就完成了596的理论设计。现在我要问你，理论设计完成之后，应该干什么工作？"

"理论设计完成之后，下一步就是实验了。"邓稼先毫不犹豫地答道。

"那么，实验成功之后呢？"聂荣臻元帅追问道。

"成功之后？"邓稼先想了想，拍了拍脑门说道，"我明白元帅的意图了，实验之后应当是实战，实战之后再设计新的'596'，再进行新的实验和实战。"

"真不愧为娃娃博士。"聂荣臻赞誉道，"说得非常正确，能不能把你的实战和新的'596'理论设计的想法说一说？"

"可以。"邓稼先说道，"'596'的实验成功是在铁塔上，这显然是不行的，我们要把它小型化、武器化，不仅要有能像扔到广岛、长崎那样的用飞机运载的'596'，而且还要设计出用导弹、火炮或潜艇运载或发射的'596'；不仅要有相当几万吨TNT当量的，还要有相当百万吨TNT当量……这些想法，我们在进行'596'理论设计时已经考虑到了。"

"很好，这些想法非常好。"聂荣臻元帅赞誉道，"那么新'596'的理论设计是怎样考虑的？"

"过去我和李觉将军，还有王淦昌、彭桓武教授都议论过，新的'596'的理论设计，比较难也比较复杂，它的爆炸原理与'596'正相反，研制它，美国用了七年零四个月，苏联用了四年，而我们可能要用更多的时间，不过我们理论部的小伙子们干劲很足，非常想赶超美苏，用最短的时间，拿下新的'596'！"

"这个干劲好得很，有中国人的骨气!"聂荣臻元帅鼓励道，"我们起码要赶上苏联，也用四年时间，完成新的'596'的研制，为我们中华民族扬眉吐气!"

"完全可以。"邓稼先坚定地说道，"请元帅放心。"

1963年9月，邓稼先率领他们理论部的一伙人，在完成了"596"的理论设计之后，马上就承担了设计新的"596"——中国第一颗热核武器的重要任务。因为确定开始设计的时间是1963年9月，所以称其代号就叫"639"。

原子弹的爆炸原理是核裂变，要将原子核一分为二、二分为四……由此产生热能；而氢弹爆炸的原理是核聚变，要将原子核进行碰撞，产生热能。所以制造氢弹比制造原子弹要复杂得多，还要难得多。

邓稼先在聂荣臻元帅面前，即然承诺要在四年内完成"639"的理论设计，等于立下了军令状。所以，他必须想尽一切办法，去实现他的诺言，不辜负元帅对他的信任和期望。

邓稼先首先召开了理论部的神仙会，让大家各抒己见。会上，年轻的科学家提出很多宝贵意见，大家争论不休，畅所欲言。因为聚变核武器有好几种，有加强型和多级热核型等等，那一种容易研制，那一种适合中国国情，科学家们都有不同的看法。最后，大家一致认为，

当前，美苏两个大国都已经研制出大当量的多级热核武器，我们也必须研制这种热核武器，以便战胜他们的核讹诈。

多级热核型武器的设计比加强型热核武器要难得多，怎样才能以最快的速度，解决聚变中的一系列难题，完成高水平的理论设计呢?邓稼先与他的伙伴们提出，进行多种途径聚变装置的研究，分成几个小组，大家一齐动手，八仙过海，各显神通，都为寻找通向研制"639"的捷径而努力工作。

邓稼先领导的小组，初步掌握了裂变——聚变——裂变三相弹方案。它的原理是，让裂变装置起引爆器的作用，将裂变装置和聚变材料，都放在一个弹壳内，当作为引爆器的裂变装置爆炸，在弹壳内产生高温时，在强大的高温、高压下，使聚变材料燃烧，释放出大量的热能。这就是多级弹的原理。可是，关于热核聚变的参数，尚没有掌握;使用哪些材料比较合适也没有确切把握。这些难题必须经过计算机的测算和反复实验才能得到精确的答案。

在这种情况下，邓稼先派出一个以于敏为首的小组，带着不成熟方案，于1965年9月赴上海，用计算机进行不同氢弹模型的数值模拟计算，并进行认真的理论分析。

　　于敏出生于1926年，比邓稼先小两岁。1948年，邓稼先在北京大学物理系当助教时，于敏正在物理系读书。他们曾经有过师生之谊。1949年毕业后，留校攻读研究生。1951年，调到中科院近代物理所任助理研究员。从这时起，他就和邓稼先一起，研究有关原子核结构和反应方面的问题，达到了这一学科相当高的水平，受到钱三强、彭桓武教授的称赞。于敏调到核武器研究院后，担任理论部副主任。从研究原子核理论到研究氢弹理论，学科上是个大转弯，但他能刻苦钻研，忘我工作。很快就熟悉了有关理论，成为邓稼先最得力的助手。

　　于敏小组在上海进行了三个月紧张的工作，获得了突破性进展，便给邓稼先发电报说；

　　"我这里已有了喜事，请带酒来！"

　　1965年年底，邓稼先在聂荣臻元帅面前，立下军令状已经过去一年多了，"639"的理论设计还没有一点眉目，他非常着急，每天都睡不好觉，吃不下饭。接到于敏的"带酒来"电报的暗语，清楚地告诉他，已经找到通向理想答案的途径。邓稼先非常高兴，他派人买了一箱北京二锅头和十几只烤鸭和一些酱菜，飞赴上海。

　　在上海数学研究所计算机房里，邓稼先见到了于敏和他们小组的成员，在午餐汇报上，大家一边吃饭，一边听于敏介绍情况。他说：

"我们用计算机进行了不同氢弹模型的数值模拟计算，发现了热核材料燃烧过程中几个特征与释放能量的关系，并从中找到造成自持热核反应条件的关键。接着，据此我们又进行了理想模型的数值计算，果然得到了热核材料一旦点燃，就会自持燃烧下去，放出巨大能量的效果。"

"看来，你们已经摸清了'639'的理论设计的基本途径，我为你们高兴，替你们欢呼！"邓稼先对于敏小组的工作给以高度评价。接着他就和于敏等人一起钻进机房，组织大家分摊难点，寻找解决问题的入口处。

计算机房闷热，邓稼先脱掉上衣，挽起袖子，判读纸带，随后与大家坐在小黑板前讨论，发言者到黑板上去运算，用数学描述物理现象。这样，研究了30多天，获得了比较理想的模拟数据，终于形成了一个有充分论证根据的方案，为下一步的理论设计，提供了可靠的依据。于是，他将这一成果带回北京，经过进一步论证，这就形成了外国学者赞誉的中国研制氢弹的"邓——于"理论方案。

正因为有了"邓——于"方案，中国在完成了原子弹的制造到氢弹爆炸，只用了二年零八个月的时间，创造了世界制造氢弹的最快速度纪录。

中国的天空出现两个太阳

在核物理学家泰勒的指导下，1954年3月1日，美国在比基岛爆炸了一颗一千五百万吨当量的氢弹装置，几乎使该岛深陷海面，其光辐射和爆震波，摧毁了70海里外的舰只和一艘日本渔轮，死伤20多个日本渔民，从比基尼岛腾起的放射性尘埃，散落在那个海域航行的美国军舰和附近的居民身上，使他们惊诧不已，久做恶梦。当时应邀去参观的各国政府要员，心里都明白，美国是借此炫耀武力。与此同时，苏联的物理科学家萨哈罗夫和索尔兹伯里也设计出威力超过美国的可运载的氢弹，并于1953年8月12日，于苏联本土爆炸成功，它的放射性尘埃散落至日本，遭到日本人民的强烈抗议。

美苏两个超级大国都在挥舞着核大棒，在世界上耀武扬威。英国、法国，也在美苏两个大国之后紧紧追赶着。

中国为了自身的安全，要打破超级大国的核垄断，对世界军备竞赛舞台上的演出，不得不认真观看，而且也要准备自己精彩的节目。

当邓稼先率领的理论部，突破了"596"的理论设计大关之后，聂荣臻元帅曾经找到邓稼先让他继续完成两项艰巨的任务：一是"596"的小型化、实战化，让"596"尽快装备第二炮兵部队；二是进行威力更加强大的"639"的理论设计。

作为理论部的负责人，邓稼先对这两项任务，做出了周密的安排。他合理分工，排兵布阵，将年轻骨干科学家都用在这两条战线上。他和于敏、周光召等理论部的领导，一边抓"两化"，一边抓设计，很快，两条战线都做出令人可喜的成绩。

这一时期，二机部负责抓核武器研制工作的是常务副部长刘西尧同志，他是位雷厉风行的领导。当1965年年末，听了邓稼先关于"邓——于方案"的汇报后，十分高兴，并将邓稼先、于敏两位科学家请到宾馆，彻夜长谈，随即向聂荣臻元帅和周恩来总理做了汇报。紧接着中央领导批准了"邓——于方案"

1966年初，在西北高原基地，开始氢弹研制的冷试验。邓稼先和于敏都亲临现场，通过反复试验，找出了热核材料燃烧时的各项数据，解决了热核材料燃烧的关键问题。

冷试验成功后，邓稼先又亲自指挥了一次热试验。1966年5月9日，由一架中程轰炸机，载着含有热核材料的裂变装置，投向基地试验场。这颗装置，具有30万吨当量，比投到广岛、长崎的原子弹的威力要大15倍。邓稼先在基地掩蔽部，看到比太阳亮得多的火球在空中燃烧、滚动，理沦部的科学家们都高兴得手舞足蹈。邓稼先向人们宣告，他们设计的氢弹，原料性能良好，可以释放出巨大的能量，具有强大的威力。

1966年12月28日，又进行第二次热试验，也是用轰炸机进行空投，爆炸了一个50万吨当量的铀锂装置。这次试验，检验了"热核爆炸的基本原理"。邓稼先得到的各种数据证明他们设计的裂变——聚变——裂变的热核爆炸的基本原理是可行的，用这种方案，可以制作出1000万吨及至4000万吨当量的氢弹。

两次热试验成功，证明"邓——于"理论方案的正确性。所以九院就将可以进行多级型热核氢弹的试验方案呈报给中央领导小组。

1967年春天，周恩来总理在百忙中抽出时间，在中南海怀仁堂，召开了有聂荣臻、陈毅、贺龙、刘西尧、钱三强、王淦昌等人参加的会议。会上，请刘西尧副部长介绍了我国两弹研制的情况。他说：

"我国继原子弹、导弹核武器研制成功之后,我们的娃娃博士邓稼先主持的九院理论部,又进行了'639'的理论设计,经过冷试验和热试验,证明这个方案是切实可行的。现在请大家对这个方案进行审议,并提出试验意见。"

"我们中国科学家就是了不起,从1964年起到现在,才两年多一点的时间,又要爆炸氢弹了,这是世界上最快的速度。"周总理高兴地说道,"我们要感谢他们,我们中国科学家的脑子一点都不笨,比外国科学家的脑子聪明得多。"

"外国有的我们要有,外国人没有的我们也要有,这就是我们科学家在研制核武器工作中的原则。"钱三强说道。

"大家看一看,这次氢弹试验,我们爆炸多少当量的为好?"周总理问道。

"美国爆炸的有多少,我们也要有多少,甚至要超过他们!"陈毅副总理兼外交部长说道。

"不用那么多,美国爆炸的氢弹是1500万吨当量的,太多了,我们爆炸100万吨当量的就可以了。"聂荣臻说道。

"我同意聂老总的意见。"周总理说道,"我们爆炸的氢弹只要几百万吨当量的就够了,我们研制核武器的目的是为了销毁核武器，我们绝不会首先使用核武器，也不会无缘无故将核武器投向哪一个国家。如果有胆敢用核武器攻击我们，我们用以还击的话，用100—300万吨当量的核武器，一次能够消灭他们的一个城市也就足够了。但是，我们非常不愿意有这样的悲剧发生。"

中央领导决策之后，九院和试验基地紧锣密鼓开始了氢弹爆炸试验的各项准备工作。空军部队派出中程轰炸机，进行模型弹的空投训练。发现，用降落伞投弹演练时，降落伞撕裂了三个口子，于是找出原因，改变空投方法，增加安全程序。

5月初，制造核部件的工厂完成了装配任务。邓稼先派出可靠的科技人员监督卡车将核部件运往试验基地并被吊装到中程轰炸机上。

一切准备工作就绪之后，中央领导小组决定：1967年6月17日早八时，进行300万吨当量的多级型氢弹试验，并派聂荣臻元帅亲赴现场监督。

17日早六点，聂荣臻元帅和邓稼先及王淦昌、于敏、周光召、董祖洽等科学家都进入总指挥部地下掩蔽室。

时针指向八点整，邓稼先眼看着飞机盘旋在空中，但是，竟然没有投弹也没有火光和蘑菇云出现。

"失败了，可能是失败了？"邓稼先脑子轰地一声，眼睛四处冒金花。科学家们也你看看我，我看看你，显出失望的神情。这时，大家都把目光集中到聂荣臻元帅那里，只见他和飞行员在讲话：

"什么原因？出现了什么故障？噢——没关系，再来一次，要沉着，要果断。第二次投弹定在八点二十分。"

聂帅挂上电话对科学家们说道："没什么大事，是飞行员因为紧张，飞过了目标，没能在八点钟准时投弹。"

听了聂帅的解释，邓稼先和科学家们才松了一口气，大家又恢复了焦急等待的神态。

氢弹于八点二十分准时投下，一个巨大的火球，在新疆罗布泊地区上空滚动，蘑菇云直冲云霄。

这一天，在敦煌地区旅游的国内外游客，和城内上班路上的老百姓，都看见了。在西北方向上空，出现了一个比东方刚刚升起的太阳亮度超过一千倍的太阳。东方的太阳只像个白色的圆碟子，悬挂在另一个大太阳的左上方。

"快看呀！天上出现两个太阳！"小孩们在家门前指着天上，惊奇地欢呼着。

在试验基地总指挥部地下掩蔽室里，科学家们互相拥抱，热烈欢呼。邓稼先说道：

"看来氢弹的火球，要比原子弹好看得多，真是威力无比呀！"

1967年6月17日，中国第一颗氢弹爆炸试验成功。

"够了，够了。足够了。"聂荣臻元帅说道，"300万吨当量，足以把敌人吓破胆哩！"

当蘑菇云刚刚消散之后，邓稼先和他的助手们，立刻穿上防护服，戴上防护帽，乘上卡车驶向爆炸中心。他看到，氢弹爆炸造成的破坏比原子弹要厉害得多，有些破坏是令人难以想象的。

1967年6月17日上午，第一颗氢弹成功爆炸之后欢呼的核试验厂区的工作人员。

当天，新华社向全世界播发了一条重要的消息："中华人民共和国在西部地区上空，爆炸了一颗氢弹。这次氢弹试验的成功，是中国核武器发展中的又一个飞跃，标志着中国核武器的发展进入了一个崭新阶段……这次试验的成功，还证明了毛泽东主席在1958年的光辉预见：'搞一点原子弹、氢弹，我看有十年功夫完全可能。'"

中国的氢弹爆炸，不仅掀起举国狂欢的热潮，也震惊了全世界。有很多外国专家计算：中国从爆炸原子弹到爆炸氢弹，只用了两年零八个月，而美国则用了七年零四个月，苏联用了四年，英国用了四年零七个月，法国则用了八年零六个月，中国终于抢在法国之前，爆炸了第一颗氢弹。

这次氢弹试验成功，是由聂荣臻元帅在试验基地设宴，给科学家、工程技术人员和工人们敬酒。聂元帅第一个举杯向邓稼先、于敏敬酒，祝贺他们的理论设计方案获得了成功；还向二机部常务副部长刘西尧敬酒，是他大力支持"邓——于"方案，使试制工作迅速、顺利地得到开展；还向工人们敬酒，是他们以忘我的热情，出色地完成了核部件的制造和组装任务。

在一颗臭弹面前

一天，晴空万里，和风习习。在一望无际的戈壁滩上，空阔的湛蓝湛蓝的天宇间，连个鸟儿的影子都没有；地下到处是一堆堆拳头般大小的鹅卵石，看不见一棵树木或一棵小草。

这时，远远望去，只见一架飞机从天边出现，小得像只蚊子，接着，就传来"嗡嗡"的声响。后来变得像只蜻蜓，响声越来越大。它在高空盘旋一圈以后，朝戈壁滩上投下一件黑东西，便风驰电掣般朝远方飞去。

在总指挥部掩蔽部里，邓稼先和基地司令员陈彬同志、二机部副部长赵敬璞同志以及一些工作人员，都在凝神注视着戈壁滩上空飞机投弹的情景，心中一齐默默地倒数着：

"九、八、七、六、五、四、三、二、一，起爆！"

大家数到零时，该是核弹爆炸，蘑菇云升空的时刻，可是戈壁滩的上空没有传来任何声音，也没有出现火光和蘑菇云——核弹没有爆炸！主持这次核弹实验的九院院长邓稼先和基地司令员陈彬，还有来视察的二机部副部长赵敬璞和一些工作人员都惊呆了。

很明显，核弹发生了严重事故，不知为什么没有爆炸。这时，邓稼先紧皱眉头在思考，该怎么办？基地司令员陈彬，是位威武健壮的军人，说话嗓门高大。他见到邓稼先的样子，劝说道：

"胜败乃兵家之常事，没关系，这次没爆炸，下次再干！"

邓稼先摇了摇头，没说什么，但他心中明白，如果是一颗手榴弹或一颗炸弹没爆炸，问题不大，而这是一颗威力无比的核弹头，不弄清原因，怎么能行！二机部副部长赵敬璞说道：

"是否应该派防化兵前去察看一下？"

邓稼先和陈彬都同意赵副部长的意见。于是陈彬传达命令，派出一千多名防化兵，前去察看核弹的情况。防化兵每人都穿着白色的防辐射的特制服装，头戴防护帽，分乘数十辆大卡车，开赴出事地点。

可是防化兵排开阵势，在戈壁滩弹着点一带，来回搜寻十多次，始终没有发现核弹头的踪迹。

实验基地接到防化兵的电话报告后，邓稼先更加焦

急。他心里想：

"怪了，这个'宝贝'能跑到哪儿去呢？"

"老邓，你不能去，你的命比我的值钱。让我去看看吧！"

邓稼先被陈彬司令员的关照所感动，但他认为他是这次实验的主持者，责任感使他已不能听从这位司令员的劝告了。于是便斩钉截铁地说道：

"不行，不行！司令员同志。你更不能去！你离开这里，由谁来全面指挥？这件事，应当由我去！"

自从参加研制核武器以来，邓稼先一向是这样想的，也是这样做的。他平时对于别人的安全非常关心，而偏偏把自己的健康和生死置之度外。这也是他当上九院院长之后增加的犟脾气，是他的人生观在不断变化的一个侧面。他让工作人员打电话，要来一辆吉普车，准备上车出发。

这时，二机部副部长赵敬璞走上前来郑重地说道：

"老邓，我陪你去行不行？"

"不行，不行！"邓稼先坚决地说，"有我一个人就够了！"

"老邓呀！"赵敬璞严肃地说道，"这么重大的事情，怎么能让你一个人前去！"

这时，有不少工作人员也围上来，纷纷要求前去察

看，基地司令员陈彬同志也再三说道：

"决不能让他一个人前去！"

最后，邓稼先只好同意了赵副部长的要求，由他俩前去察看核弹的情况。

赵副部长是运动员出身，年富力强，体格强健，好像浑身有使不完的劲，但他的个头比邓稼先要矮一些。赵敬璞也穿好防护服，戴上防护帽，和邓稼先一起乘上吉普车，朝戈壁滩驶去。

戈壁滩上没有路，汽车在鹅卵石上颠簸，将小石块碾得四处飞射。他们在戈壁滩上，投弹范围一带，来回穿行数十次。从太阳当空映照，到太阳西斜，天边出现色彩斑斓的红霞，最后他们终于在汽车前方500多米处的乱石堆中，发现一个黑黑的东西，不仔细看，就是一块黑色大石头。

"找到了！小'596'！肯定是小'596'！"大家一齐呼喊起来。

邓稼先立即叫司机停下，他跳下车，举起望远镜，清楚地看到插在乱石堆中的核弹头和连在一起的未曾张开的降落伞装置。

凭着核科学家的直感，邓稼先意识到前面一带地段的危险性。如果，此时核弹一旦爆炸，周围数百米内的钢铁就会化成玻璃体一样的铁水；水泥建筑物将会变成

粉沫；植物化成黑灰；动物化成一滩血水。于是，他暗自决定，坚决阻拦赵副部长和司机与他一同前往。他不顾对领导同志应有的尊重，专断地大声说道：

"站住，都给我站住！你们就在汽车这里等着，谁也不要往前走一步了，你们去也没有用，也没有必要……"

邓稼先，这位到了知天命之年的核科学家，中国核武器理论设计的总负责人，这次核试验的主持者，他一个人挺着高大的身躯，朝着乱石堆的方向，冲了上去。

这时，邓稼先已经把刚才想到的核弹头突然爆炸产生的后果和钚对人体的伤害，似乎忘得一干二净。他没有意识到这是大胆或勇敢，更没有想到这是英雄行为，他完全是和平时一样，怀着焦虑急切的心情在处理一件十分棘手的事情，希望用他自己的能力立即把它办好。他弯着腰，踩着硌脚的石头，一步快似一步地奔跑在戈壁滩上，同时还用警觉的目光，扫视前方乱石堆中核弹头的踪影。很快，他来到核弹头面前——呀！多么熟悉的"宝贝"呀！为了它，付出多少不眠之夜？为了它搅尽了多少脑汁？为了它和同事战友们辩论得面红耳赤！而今它竟悄悄地睡在鹅卵石中，只剩下一个头，露在外面。黑色弹体上裂开几道缝，在它的旁边还躺着一个未曾打开的巨大的降落伞装置。邓稼先初步判断出核弹未曾爆炸的原因可能是飞机在投弹后，降落伞未曾打开。

高度的责任感和对工作的热诚，使他变成一个"傻子"。虽然核弹未曾爆炸，但弹体破裂，钚已经大量放射出来。但，这一切他都顾不得了，他走到跟前，竟用双手抚摸着破裂的弹头——这个含有剧毒的危险物，仔细察看一番。他透过裂缝，看到里面点火的装置，原样依旧。因为降落伞没有打开，致使串联的导火索没有被点燃，为此它就成了颗臭弹。他得到明确的判断之后，又轻轻地将臭弹拍了拍，就像拍一拍熟睡了的婴儿一样，长长地出了一口气，会心地笑了。这时，他才如释重负，终于放心了。他所担心的最严重的后果，没有出现，今后也不会出现。他的精神骤然松弛，回过身，迈着疲惫不堪的步伐，摇摇晃晃地回到吉普车旁，他见到赵敬璞和司机后，兴高彩烈地说道：

"平安无事！"

"好！好！"赵敬璞和司机异口同声欢呼道，"太好了！没事就好！"

紧接着，他又精神抖擞，兴致勃勃地拉起赵副部长的手，说道：

"来，赵副部长，我们照一张相好不好？"

"就照这样全副'武装'的吗？"

"对呀！"邓稼先说，"这个相不是最有意义的吗！"

1979年，寻回未爆的核弹头后，邓稼先（左）与赵敬璞合影于戈壁滩。

　　于是邓稼先从吉普车上的背包里，拿出照相机，交给司机同志，请他为他们合影留念。

　　在邓稼先的相册里，有一张特殊的照片：上面是夕阳西下的时候，只见两个身穿白色防护服，头戴白帽子，白口罩，看不见脸面的人站在戈壁滩上，左边的大高个子就是邓稼先，右边身强力壮的男子汉是赵敬璞。有人猜测，邓稼先主动要求照这样的一张照片，应该说是他面临核弹随时都要爆炸的危险却安然无恙的一个庆贺，以此留念；另外，还可以看出，他似乎已经觉察到自己受到了钚239的极为严重的辐射伤害，这将是他身体健康状况的转折点，这次伤害是当代医疗水平难以救治的。

面对核弹随时都有爆炸的危险和核弹放射性对人体致命的毒害，邓稼先勇敢地冲了上去，掩护了同志和战友，排除了藏在祖国大地上的隐患。

谁是原子弹的设计者

　　1964年10月26日，在我国第一颗原子弹爆炸成功后的第十天，中国科学院负责同志，在人民大会堂，举行了我国第一颗原子弹爆炸成功的报告会。这次会议。带有一定的保密性质，所以参加听报告的人员是有级别限制的。人大常委会副委员长、著名教育家、国务活动家许德珩老先生参加了报告会。他是刚刚从南方视察回来，特邀参加会议的。

　　这一年，许德珩74岁，他长得四方大脸，大眼睛，大耳朵，略有秃顶，戴一副黑框眼镜。中等身材，身板结实，穿一套黑色中山装，手里拿着一根手杖。

　　在会上，他听到了中国科学家自力更生研制出原子弹的先进事迹，与会者都深受教育和鼓舞。许老先生也听得眉飞色舞，兴奋异常。他是从旧社会走过来的人，近百年来，受三座大山的压迫，中华民族备受凌辱，他是耳闻目睹，感触颇深。自从新中国成立后，中华民族在世界上才抬起头来，但是科技落后，国力不强，在世界各项活动中，腰杆不硬，还是被人瞧不起。如今，中国和世界上几个大国一样，也有了原子弹，不仅说明中国的综合国力有了增强，而且也大大强壮了国威。听罢报告，他用手杖一边杵地一边说道：

"好！好！好！别说陈毅腰杆子硬了，就是我老许头也昂首挺胸越活越年轻了！"

这次报告，出于保密原因，没有介绍原子弹的研制人员，许老想，原子弹是人造出来的，这个人很不简单，一定是位很了不起的人物。

他知道美国有一个叫奥本海默的科学家，设计过扔在日本广岛和长崎的原子弹，此人被称为美国的原子弹之父；还听说苏联有一位库尔恰托夫，是苏联第一颗原子弹的设计者，被称为苏联的原子弹之父，而中国的原子弹是谁设计的呢？中国的物理学家他也认识几个，在人大会议上见过，像钱学森、钱三强、王淦昌、彭桓武等物理学家，没听说他们哪一位可以设计原子弹。

在报告会结束，人们走出人民大会堂时，许德珩老先生碰见了人大副委员长、物理学家严济慈教授，说道：

"我们的科学家真了不起，真给咱们中国人争气呀！我们全国人民应该感谢他们。"

这一年，严老63岁，已过了花甲之年，但身体强壮，满面红光，精神矍铄，好像总有使不完的力气。他比许老小11岁。浙江东阳人，曾考入南京高等师范学校学习数学和物理，后毕业于东南大学物理系。20年代曾赴法国留学，获博士学位。回国后，任国立北平研究院物理研究所所长。新中国建立后，受郭沫若之邀，参加了中国科学院的建设，曾任科学院办公厅主任兼应用物理研究所所长。后来，又到人大任职。

严老长着一副慈善面孔，人缘比较好，他和许老在解放前就相识，和许老及其夫人劳君展曾在法国一起留学。

"许老师，你知不知道，设计中国原子弹的科学家是谁?"

"就是呀，我一点都不知道。"许老回答道，"我正猜测哪，中国那一位物理学家有这么大的能耐?"

"你家的大姑爷叫什么名字?"

"邓稼先哪!"许老回答道，"是北大邓以蛰教授家的大小子呀!"

"你可知道，你的这个大姑爷这几年搞什么学科的研究吗?"

"是……，"许老想了想说道，"我听我们家的希希说过，是研究核子物理的，这几年一直在搞氘和氚的试验，好像是国内的设备不行，从美国回来十多年了，也没搞出什么名堂来。"

"是那么回事吗?"严老笑道，"赶快回家去，问一问你的大姑娘，打听一下你的大姑爷，这几年他在干什么工作?"

红旗牌大轿车将许老送回家。在车上他想，难道中国原子弹的设计者是大姑爷邓稼先——是那个淘气包子?

不可能，不可能？他不相信邓稼先会有这么大的出息。

下了轿车，一进家门，就高声喊道：

"老太婆，老太婆，赶快过来，我有事问你？"

这位老太婆不是别人，就是当年曾经当过重庆女子师范学院院长，在四川教育界叱咤风云的人物——劳君展。这一年，劳君展已过了花甲之年，满头白发，戴上了老花镜，身体并不怎么好，遇有阴雨天，就犯腰腿疼病。她正在厨房准备晚饭，听见老头子喊，急忙来到客厅，说道：

"你这老头子，就不能小点声，有什么大不了的事，大呼小叫的，好像丢了魂似的！"

"老太婆，我问你，你知不知道咱们的大姑爷稼先是干什么工作的？"

"你这老头子突然问这个干嘛？"劳君展回答道："是中国科学院物理所的研究员呗。"

"他是研究什么学科的？"

"我问过希希。"劳君展想了想，道："他说是研究什么原子核的，还专门研究什么'氘'和'氚'的原子核。"

"怎么，这么多年也看不到稼先到咱们家来？"

"前些日子，亲家母王淑蠲去世，我还看见他了，好像是又黑又瘦。希希说他的研究工作带有保密性质，

1984年，突破中子弹后，邓稼先、许鹿希的纪念合影。

地点在西北高原，所以很少回家，没时间上咱们家来了。"

"老太婆。咱们国家爆炸了一颗原子弹，你知不知道？"

"知道哇。"劳君展兴高彩烈回答道，"就是前几天的事，我还看见北京日报的套红号外了呢！"

"你知不知道这颗原子弹是谁主持设计的？"

"不知道。"劳君展摇头道，"这个人很不简单。想必是咱们国家的哪位大科学家吧？"

"不是别人。"许老诡秘地一笑道，"据和我们一起去法国留学的严济慈教授说，这个人可能就是咱们家的

大姑爷稼先。"

"是稼先吗？希希怎么一句都没说过。"劳君展摇头又点头说道，"有可能就是稼先，当年我就看这个孩子准能有出息，谁像你，那一年还和希希别个劲，差点没把这桩亲事给搅黄了！"

"我没有不同意呀！"许老辩解道，"我只是要求希希慎重考虑考虑。"

"行了，行了，不要诡辩了。"劳君展说道，"我马上往北京医学院挂个电话，让她马上回来一趟，就知道准信了。"

晚饭时间，许鹿希风风火火走进家门，说道："有什么事呀！非让我下班后来家一趟？"

"你老爸有事问你？"劳君展说道。

"希希，我问你？"许老问道，"你知不知道，我们国家爆炸的原子弹的主要设计者是谁？"

"哟！我寻思是什么大不了的事呢。"许鹿希兴致勃勃地说道，"我知道呀！"

"是谁？"老俩口一齐追问道。

"是我们家的孩子他爸！"

"唉哟！"劳君展打了姑娘一巴掌，说道，"希希你怎么不早说呀！是咱们家的姑爷设计的原子弹，害得你老爸柱着手杖到处去问别人。"

　　"我也是几天前，婆母咽气前，稼先从西北高原回来，逼着他儿子说出来的。若不然，我一点都不知道。他说完之后，还让我们保密呢。说组织上有规定。"

　　"怎么样，老头子，"劳君展说道，"我说咱们家的大姑爷错不了吧！我们希希还是有眼光的。"

　　"好，很好！"许老越发高兴起来，举起手杖，说道，"俗语说'人不可貌相，海水不可斗量'，真是不假。希希，你家的稼先什么时候回来，老太婆你去买肉、买鸡、再买上一条大鲤鱼，做出一桌宴席，我要犒劳大姑爷！

　　"那是为什么呀？"许鹿希假意问道。

　　"嘿呀！这你都不明白？"许老朗声说道，"他给中国立了大功，他是中华民族的的大英雄啊！"

患了癌症之后

1985年7月，邓稼先从西北高原回到北京参加有关发展尖端武器的会议，顺便回家看看。

许鹿希见稼先回来了，很高兴，特意炒了两个菜，还打开一瓶茅台酒，犒劳多日不见的丈夫。可是她发现一向能吃能喝的稼先，菜吃得不多，酒也没喝几口。便关切地问道：

"稼先，我问你，是不是肝不舒服？"

"这里没病。"邓稼先一边摸肚子上面的部位，一边说道，"就是大便有些困难，有时痛得受不了。"

"赶紧去医院检查一下，"许鹿希催促道，"有病要赶紧去治。"

"明天可以去看看，要一点润肠药就回来，这次的会议很重要，一天都不能耽搁。"

1985年7月31日，对邓稼先和他的妻子许鹿希来说，是一个不吉祥的日子。许鹿希陪着邓稼先，来到总后301医院，经过仔细检查，一位头发花白的女医生严肃地问邓稼先道：

"你是什么单位的？"

"二机部九院的。"

"你为什么现在才来？"

邓稼先想："我没怎么的呀？只是大便有些困难，往日忙得要命，没发现哪里不舒服，无缘无故我到医院里干嘛！"没等邓稼先回答，女医生又说道：

"别走了，立即住院。"

"不行啊，大夫。"邓稼先哀求道，"我正在开一个极为重要的会议，而且我是会议的主持人，怎么能来住院呢！"

"这里不是会议室，这是医院。"女医生坚定地说，丝毫没有商量的余地。

邓稼先立即明白了疾病的严重性。他不得不遵从医嘱住进了医院。国防部部长张爱萍将军知道邓稼先住进了医院，立刻驱车赶来了，焦急地问女主治医生道：

"究竟是什么病，什么时候可以确诊？"

"需要做活体病理检查，然后就可以确诊。"

"活体检查需要多少时间？"

"按常规要在一周之后。"

憔悴的邓稼先

　　"不行，不行，太慢了!"张将军有些急了，说道，"我就在这里等着，你们必须尽快拿出化验结果来。"

　　张爱萍将军早已过了花甲之年，硬是坐在医院里不走，半个小时之后，冰冻切片的结果出来了，上面写道：直肠癌。

　　邓稼先患了癌症的消息，被聂荣臻元帅知道了，他责承张爱萍将军亲自主持医疗小组的治疗方案讨论会。再三叮嘱，要千方百计将他的病治好。8月10日，邓稼先做了一次大手术，将身上凡是癌细胞所侵犯的地方进行了大清扫。这次手术很成功。术后，医生给他在下腹部左侧做了一个人造肛门，这给好动、好玩的邓稼先带来很大不方便。可是他并不怎么在乎，手术后的第四天，他在病房里就开始工作。阅读英文、法文、德文和俄文的资料，让九院将他的几位老伙计找到医院来，研究讨论他们还在进行的一些工程和目前急需要解决的一些重大问题。这样，病房就成了会议室。

1985年年末，单位进行整党登记。组织上考虑到邓稼先身体不好，派人特意告诉他，文件不用学了，登记表可以由别人代笔，但邓稼先不同意，他硬是要来有关文件，认真阅读一遍，又亲自填写了党员登记表。九院党委的同志们和医护人员都深受感动。

在住院期间，他还请副院长于敏同志前来，研究我国核武器发展的设想，要和他一起起草一份向中央的建议书，他认为中国核武器的发展不能落后于其他核大国，他们有的核武器，我们要有；他们没有的我们也要有，这样才不致于被动挨打。经过反复商讨，终于写成了一份关于我国核武器发展的意见书。

手术后，又经过一段时间化疗，邓稼先的病情稍有好转。医生同意他回家休养。邓稼先像小孩子一样，高兴地跳了起来，他对其他患者说：

"现代医学很发达，而我的体质又好，一定会创造一个奇迹，将这个不治之症治愈。"

"老邓是一脸福相，肯定能治好。"很多患者都这样

说。

回到家里，邓稼先是一个闲不住的人，不断往九院挂电话，处理他住院前没有办完的事情，或者将人约到家里来谈工作。许鹿希看见了，嗔怒道：

"病情好转，你又忙上了，是不是还要马上回医院？"

"马上停止，马上停止。"邓稼先见妻子生气了，连连陪笑道，"只是还有一点点小事，处理完我的心就净了。"

处理完工作，他又开始准备写专著。邓稼先自从忙于研制核武器之后，写论文的时间少了。这一次，好不容易有了闲暇时间，他想把他多年来研制核武器发现的问题，总结一下，是他对核物理事业的新贡献。所以，他在家里准备了不少资料，每天都要动笔写上一段。许鹿希见他每天都闷在家里不行，便主动陪他出去走一走，专程逛了一次地坛庙会。庙会是他小时候最爱去的场所，对人们烧香拜佛，他不感兴趣，而是对那里的小吃、糖人、不倒翁玩具始终念念不忘。

邓稼先喜欢看京剧，每当有好的剧目，他必然要前去观看。这回在家休养，京剧一定要看，听说哪里演出好的剧目，就去买票，购不到票，他就去买退票或买高价票。他身上吊着引流瓶，挤在人群里，可以很熟练地将票钓到手。他坐在剧场里，不仅看，而且还要小声地跟着唱。

80年代中期，我国的家庭已经普及了电视机。邓稼先也喜爱看电视，他常常赞誉出生于俄国而在美国长期从事于电子学研究的兹沃里金博士。他向许鹿希说：

"我很佩服兹沃里金博士，是现代电视系统的创制人。他不仅研制成黑白、彩色电视机，百且还发明了电子显微镜。人们坐在家里就能看到天下所有的事情。亿万人民都要感谢他。"

他对中国女排的拼搏精神赞不绝口，每当有中国女排姑娘比赛，他必看无疑，尽管在半夜三更，他也要爬起来，直到看完为止。有一天，他听说中国女排要在北京工人体育场和日本女排进行一场比赛，他托人要票、购买，均没有弄到，十分焦急。许鹿希劝他道：

"没有弄到票就不要去看了，你的身体还不太好。"

"不行，要看！"邓稼先坚决地说道，"我有办法！"

在比赛没有开始前，他就去工人体育场门前等候，逢人便问有没有多余的票，直到开赛前几分钟，来了一位老者，说他老伴有事来不了，多了一张票，邓稼先掏钱要买，老者看他身上挂着引流瓶，必定是个病人，便将票送给了他。

这场球赛，中国女排大胜，邓稼先非常高兴，他回

来对许鹿希说：

"世上无难事，只怕有心人，我如果不去，看不到这一场精彩的比赛，有多遗憾！看到郎平的扣球，一锤定音，那个劲头就像我亲自扣球一样，开心极啦！"

看到邓稼先高兴，许鹿希也就不说什么了，但是她一直在为他的病情担忧，祝愿乐观的稼先能够战胜癌魔，重返工作岗位。

邓稼先在家中休养三个多月，到了1986年春天，去医院复查，发现癌瘤有转移的迹象。于是，他再度住院，于5月16日，做了第二次大手术，将癌瘤可能侵犯的部位统统切除。这次手术也很成功，但他感到自己的身体越来越虚弱了。

第二次大手术后，邓稼先所关心的还是工作和学习。九院的不少研究人员一边来探病，一边还向他请示工作。他在医院的大部分时间还是被工作占去了。因为在他患病前所主持的研制工作已经开始，目前正处于取得新的突破阶段。不仅有许多事情要问他，要听他的分析和看法，而且有很多重大问题必须要由他来决定。只有这个时候，邓稼先才忘掉了病痛，兴高彩烈地说个不停，直到值班护士来进行干预，邓稼先才停止了谈话，意识到这里是医院。

除了和人们谈工作之外，他每天还要坚持学习。他

邓
稼
先

床头经常摆着两本书，一本叫《简明核工程手册》、另一本叫《量子场论》，随时都拿起来翻一翻，并将重要的地方用笔勾画出来。他不仅看书，还买书。他听说有一本《近代统计物理》很好，就托一位亲属给他买来，仔细阅读起来；他还发现了一本好书，叫《基本粒子物理的规范理论》，很想看一看，他求一位亲属替他去买，等买来时，邓稼先已经不在人世了。

邓稼先在第二次手术之后，还关心核废料的处理问题，这是他考虑很久的一项工程，某省省长来看望他，

他说道：

"你们省的核废料一定要用某种方法处理好再深埋，即使发大水也冲不走，可保证老百姓不受污染。"

"请放心，我们都按你早就吩咐过的深埋了。"省长说道。

"我还在考虑如何化废为宝的问题。"邓稼先又眉飞色舞地说起来，"就是把核废料使用上，能为国家赚钱，用过以后，核废料的危害还能排除，一举两得，该有多好。等我出院后，一定把这项研究搞好，为亿万人民造福，还希望得到你们的支持和配合。"

"邓老请放心。"省长含着眼泪说道，"我们一定配合你，将化核废料为宝的研究搞好！"

邓稼先在第二次大手术后不久，身体很多部位都开始疼痛起来，有时疼得大汗淋漓，难以忍受。即使这样，他还关心着九院的工作，关心着别人，惦记着他还未完成的一部书稿……

邓稼先的病情在一天天加重，我们国家太需要这样的人才了，但是所有的人都无能为力。

释放出生命的全部光辉

　　1986年5月，在北京是最美丽的季节。桃红柳绿，艳阳高照，鲜花盛开，百鸟歌唱。

　　15日下午，国务院在人民大会堂召开颁奖大会，给参加研制核武器的科技工作者颁奖。其中获得科学技术进步特等奖的是一位身材高大、头发花白、年过花甲的老人，他就是邓稼先。

　　接着《解放军报》发表一篇文章，题目是《两弹元勋邓稼先》，直到这个时候，十亿中国人民才知道他们有一位天才的科学家，祖国才能让全世界也知道他们有这样一个了不起的儿子。

　　可是人们哪里知道，这位功勋卓著的科学家，已经患了晚期癌症，正在医院接受治疗。然而他的业绩，与中华民族的振兴，祖国的强大有着密不可分的关系。甚至他的业绩要超过美国的原子弹之父奥本海默、苏联的

原子弹之父库尔恰托夫。也超过美国的氢弹之父泰勒和苏联的氢弹之父萨哈罗夫。

到了1986年，邓稼先已经担任了九院院长职务，为中共中央委员、人大代表。他主持了我国原子弹的理论设计、和于敏同志一起又主持了氢弹的理论设计。他还致力于核武器的改进、发展工作，在氢弹的实战化及新的核武器的重大原理突破与研制实验方面，做出了重大贡献。在我国当时已经进行的32次核试验中，他亲自在现场指挥的就有15次。在他所率领的九院——核武器研究院的不断冲刺中，已经赶上了两个超级大国，他们有的核武器，我们不但有，他们没有的，我们也有了，而且正在研制第二代新型的核武器。就是住进了医院，邓稼先还在为研制新型的核武器不断地操劳。

在世界各国的核武器科学家中，能够坚持28年的研制工作，而且从一而终，直到患了不治之症还在拼命工作的人是少有的。邓稼先为什么能够做到？这是因为，他为了民族，为了祖国的强盛，没有丝毫私心的表现。正像有句俗语所说的，明知山有虎，偏向虎山行。他深知搞这项工作经常要接触放射性物质，可是，他一旦工作起来，就忘掉了致癌一说，全身心地投入工作，直到圆满完成工作任务为止。

进入80年代之后，他的身上已经存留不少放射性毒物，他的心里是非常明白的，所以他就争分夺秒地干工作。他内心深处，时时闪现出要告别这个世界的前兆，在紧张的工作间隙，总要怀念过去，他最眷恋的仍是他的工作，和他所接触过的一砖一瓦。

1984年的秋天，在进行了一次成功的核试验之后，邓稼先非常高兴。这一天，恰恰是我国第一颗原子弹爆炸20周年。他乘车来到当年的试验区，想要去看一看托着原子弹爆炸的那个铁塔。九院医务所有一位年轻的李医生是他的好朋友，邓稼先特意邀请他，和他一起去。过了不久，他俩就来到荒无人烟的戈壁滩上漫步。

邓稼先又见到了当年所主持设计的原子弹爆炸后的杰作——弯曲的铁塔，烧死的骆驼刺，化成铁水的飞机、坦克、汽车残骸，变成玻璃砖模样的沙子和石块……这一切都拨响了他的心弦。他向李医生兴奋地讲起当年种种情景，而且触景生情，唱起了穆桂英探栈道的一段京剧台词：

"狂风惊沙扑人面，
雾迷衰草漫无边……"

听了这段台词，会使人联想到当年核试验时的惊险场面。

邓稼先和夫人许鹿希同杨振宁合影

他们在爆炸中心，还看到一个石碑，上面刻着张爱萍将军的亲笔题字：

"1964年10月16日15时中国首次核试验爆心。"

李医生问："老邓，原子弹在空中爆炸时是什么样？我只看过《人民画报》上的照片，就是个大蘑菇，似乎不怎么样？"

"空爆太好看了！"邓稼先滔滔不绝地说起来，"点火之后，先是看到空中出现奇异、壮丽的闪光，然后是惊天动地的雷声，隆隆地响起来……"

"像打雷一样吗？"李医生插话道。

　　"比你听到过的所有雷声都要大，好像都有些震耳朵。"邓稼先回答道，"接着就看到一股巨大的烟柱，笔直的升起来，一会儿就变成一个蘑菇状的大火球，悬挂在高空，放射出极其耀眼的光芒……"

　　"像太阳吗?"李医生又插话道。

　　"比太阳要亮几十倍甚至几百倍，所有观看空爆的人一定要戴上特制的防护墨镜，否则你的眼睛要受不了的。"邓稼先解释道，"最后大火球在空中变成了像一把大黑扫帚一样，把原先天上飘着的白云一扫而光。小李，

邓稼先和他的同事们游览北京颐和园时合影

你知道吗？空爆好看得很哪！"

"老邓，下次再有空爆，让我来亲眼看一看行不行？"李医生哀求道。

"你恐怕没有这个眼福了。"邓稼先非常遗憾地说道，"从80年代中期开始，我们为了减少大气污染，都改成地下核试验了，况且我们的核武器都已经小型化，再搞空爆试验也没有必要了。"

看过铁塔，邓稼先非要到地下防护洞去看一看，一边走，一边对李医生说：

"原子弹爆炸对人类的危害是很大的，所以在空爆的同时，我们还进行了一项地下防护试验。毛主席不是说过：'深挖洞，广积粮，不称霸'吗！我们在靶心地下几十米处，挖了很长一段深洞，里面放进去狗、猴子、兔子和老鼠等等，爆炸过后，这些动物安全无恙。有几只猴子现在还活着，什么病都没有。看来，原子弹、氢弹并不可怕，只要防护措施得当，什么事都没有。"

他们钻进洞里，仔细观看，里面温度很高，好像浴池一样，有被热气蒸闷的感觉。李医生说：

"我们赶紧出去吧。"邓稼先一边往里走一边说道：

"不忙，不忙，这里好好修一修，加上空调设备，有了电灯、电话，就会和大宾馆一样，住上一年半载也不会憋闷的。"

邓稼先在防护洞里走得很远，又从里面取了几块岩石，准备带回去研究。

过了几天，是个假日。邓稼先找到李医生说道：

"小李子，今天似乎是有些寂寞，我领你找一个好玩的去处好不好？"

"咱们这里没有歌舞厅，哪里有什么好玩的地方？"

"有哇！"邓稼先兴致勃勃地说道，"比歌舞厅好多了，就是博斯腾湖呀，咱们游泳去好不好？"

"不行，不行！"李医生拒绝道，"那里水太深，非常危险，你是院长，又是中央委员，我怎么能陪你到那里去。"

"你呀，就是胆小怕事，跟着我走，没错。人活一辈子，不到博斯腾湖玩玩，是终生的遗憾。"

在邓稼先再三怂恿下，李医生陪着邓稼先乘一辆吉普车，朝博斯腾湖方向驶去。

从新疆试验场基地马兰到博期腾湖的路程有几百公里，他们乘车一个上午就到了。只见绿树丛中是一望无际的碧蓝碧蓝的湖水。湖水蓝天相接，分不清那里是水，那里是天。邓稼先说道：

"真是'秋水共长天一色'呀！"

"这个湖有多大？"李医生问道。

"大概有1000多平方公里，云南有个滇池，号称方

117

圆800里，它比滇池大一倍还要多。"

"博斯腾是什么意思?"李医生又问道。

"是维吾尔语'绿洲'的意思。它是新疆最大的淡水湖，昨天晚上咱们吃的新疆大头鱼，就是这里的名特产。"

他们一边闲唠，一边脱了衣服，跳到湖里游起泳来。他们在湖水中畅游，正在得意忘形的时候，李医生发现远处有几个小黑点向湖边走来。

"坏了。"李医生道，"可能是警卫部队来了。"

他们迅速跑到岸上，穿好衣服。恰好警卫营副营长，率领几个战士乘车也来到湖边。副营长把李医生好顿训斥，说他不应当陪邓院长到这样危险的地方来，如果出现意外怎么办? 副营长的批评，使他俩无话可说，只好乖乖地随着警卫部队返回试验基地。

1984年6月25日，是邓稼先60岁大寿，他自己清楚地记得这个不平常的日子。要是在家里，许鹿希和孩子们会庆祝一番，买上大蛋糕，插上生日蜡烛，孩子们高唱"祝你生日快乐"歌，而在试验基地，都忙于工作，就没人给你过生日了。可是凑巧这一天，在基地会议厅里，科学家们举行学术报告会，请邓稼先参加，主持者还请他上台讲几句话。邓稼先是个不愿出头露面的人，也羞于在大庭广众面前讲话，这次他欣然上台，侃侃而

邓稼先

谈，使很多青年科学家感到很惊讶："老邓今天是怎么了？"

他说道："我今天听了大家做的学术报告，很高兴，很激动，通过这个报告会可以看出，目前，我们九院关于核武器理论的研究，在世界上是一流的，正像我们国家拥有核武器一样，也赶上了或正在赶上世界某些大国的一流的核武器。为此，我要感谢在座的各位中青年科学家，你们是九院的骄傲，也是中华民族的骄傲。这是我高兴的原因之一。我们是不是永远无休止地去搞这些研究呢？我想，不是的，如果没有超级大国在那里挥舞核大棒，我们根本不需要去研制这些玩艺儿，我们应当精心研制的是原子能发电，原子汽车、原子飞机、原子火车……就是和平利用原子能。可是有人在那里拿着核大棒在耀武扬威，想要你俯首称臣，还要侵占你的家园，怎么办？我们不得不以燧人钻木取火的精神，钻出神州核火，并使每次核试验爆出的火球闪射出华夏民族的光彩。这样，挥舞核大棒者的威风，就该收敛一些了，我们国家也就安全多了，世界也就太平了许多。这里有我们九院的功劳，也有在座的各位科学家的功劳，这是我今天高兴的原因之二。我们九院的科学家，既然能自己创造出所谓造物主迄今未释放过的强大无比的能量，当然，也能使这股科学能量促进祖国以最快的速度运行在社会主义建设的轨道上，奔向繁荣富强的未来，这是我今天高兴的原因之三。记得，德国有一位核物理学家叫魏茨塞克的，当1945年美国在日本投下原子弹之后讲过一句话，他说：'我们这一行人，像玩火的孩子一样，真没想到会造成一场火灾。'这句话说得意味深长；而我们呢，则是把造成那场火灾的核火，变成黑夜中的太阳，要照亮世界，我们的科学家都是制造太阳的天神。所以，我要向诸位太阳神，致敬！……"

邓稼先的即席讲话之后，会场里爆发出热烈的经久不息的掌声。

会场里，一位中年科学家和他的一位同伴说道：

　　"今天老邓头怎么这么高兴，是不是还有别的喜事？喂，今天是几月几日？"

　　"6月15日呀！"那位同伴回答道。

　　"是什么纪念日吗？"

　　"噢，我想起来了！"中年科学家恍然大悟道，"老邓头是1924年生人吧？6月15日是他的生日，今天是他60华诞啊！"

　　等他们搞明白时，会议已经结束了。他们又约一些人追到邓稼先的宿舍，向他祝寿，并说："真正的太阳神是老邓，祝太阳神生日快乐，永远为祖国、为世界放射出灿烂的光辉！"

　　几十年来，邓稼先为人民立下了不朽的功勋，他从不居功自傲，而是谦虚真诚，平易近人，和群众打成一片，他曾经和不少人说过，我最怕出头露面，只愿踏踏实实默默无闻地做一些实际工作。

　　那一年，邓稼先参加了党的十二大，他是代表，还被选为主席团成员，十二届中央委员。从北京回来后，有位工程师叫他邓院长，邓稼先当即捶了他一拳问道：

　　"为啥不叫我老邓了？"

　　"我想，你……"工程师吱吱唔唔地说道，"再像以前没大没小地叫你老邓，有失体统，所以就改口叫你院长。"

"你呀，想得太多了。"他对这位工程师笑着警告道，"敢再叫我院长，我就捶你两拳。"

还有一年，他陪同四川省领导去九寨沟，省领导向当地干部介绍说：

"这位是邓稼先同志，是研制原子弹、氢弹的九院院长，我们国家的大科学家，请他讲两句话吧！"

"没什么可讲的………"邓稼先竟紧张得额头冒汗，脸色煞白，半天讲不出话来。

还有类似的事情，那是在一次重大的核试验前，他去向周总理汇报试验前的准备情况，因为是第一次见到周总理，有点紧张，说起话来有点哆嗦。周总理一听，笑道：

"稼先同志，我们都是上了年纪的人，有高血压，你这么一哆嗦，就把我们的血压给哆嗦上去了。"

一句话逗得邓稼先笑了。他马上放松下来，整个会议室的气氛也轻快了。这样，他才从容不迫地将工作汇报完。

邓稼先当上九院院长之后，他从不以领导自居，处处以普通劳动者的身分严格要求自己。一天，天气很热，他急于去远方的研究所参加课题讨论，见一辆崭新的空调面包车停在车库外面。他好奇地上去坐一坐，感到很凉爽。问警卫员小王道：

"这是哪个单位的车?"

"院里刚买来的。"小王回答。

"这车很好。"邓稼先高兴地说道。

"你去问一问车队队长,我坐这辆车去研究所可不可以?"

"你是院长,想坐就坐呗。"小王笑道,"问队长干什么?"

他一听"院长"二字,立即跳下车,对着小王说道:"这个车我不能坐,还是赶班车去吧。"

每当回北京办事,他从来都不向二机部要车,而是买一张月票,去挤公共汽车。他认为这样做心里非常踏实。甚至当他患病之后,身上挂着引流瓶,还是严格要求自己不搞特殊化;上街时,从来不要车,而是坐公共汽车。这是他的习惯,也是他的个性。这样,就使他和群众贴得很近,成为他们的兄长和知心朋友。

1985年7月到1986年7月,是邓稼先生命的最后一年,他已经感到自己在世界上活着的时间不多了。在这一段时间里,从许多事情中,显现出他人格的可贵,精神境界的高尚。他想到的都是工作、是人民和国家,唯独没有他自己。

1986年7月15日,万里代总理到301医院看望邓稼先,告诉他,国务院决定授予他全国劳动模范称号,两天后，李鹏副总理来到病房，授予他全国劳模的奖章和证书。这一天，邓稼先服了加倍的止痛药，穿上他平时最爱穿的灰色中山装，刮了胡须，将头发梳得整整齐齐。他诚恳地对李鹏副总理说道："核武器事业是成千上万人的努力才能取得成功的，我只不过做了一部分应该做的工作，只能做一个代表而已。"

李鹏对他说道："党和国家非常感谢您这些年来在核工业、核武器方面做出的贡献，您说的也对，这个事业当然是千百万人的事业。但是，我们也充分地估价您在这个核武器事业中做出的贡献。"

最后，他致词，感谢党和国家对他的关怀，并向党保证：

"我今天虽然身患疾病，但我要顽强和病痛作斗争，争取早日康复，早日做些力所能及的科研工作，不辜负党对我的期望。"

在他生命最后的日子里，党中央、国务院、中央军委、国防科工委、核工业部、九院的有关领导和职工，都关心他的病情，纷纷前来探望，希望他的病情能够好转。四川省委的领导还请有经验的治癌专家从成都来为他治病。

可是千万人伸出的双手，终于未能挽留住中国人民的好儿子，我们中华民族的英雄——邓稼先。

1986 年 7 月 29 日，邓稼先终因全身大出血，在他女儿典典的怀抱中，与世长辞，终年62岁。

在临终前，只说了一句话：

"我 —— 死而无憾！"

是的，邓稼先为我国的核武器研制奋斗了一生，他不仅主持设计了原子弹、氢弹，而且还取得了新型氢弹和第二代核武器等等一个又一个辉煌的成果。正像他 28 年前所说的，他为此而献出自己宝贵的生命是值得的。

邓稼先除了获得 1986 年的两项国家科学技术进步奖特等奖之外，还获得 1982 年的全国自然科学一等奖；1987 年和 1989 年的两项国家科学技术进步奖特等奖；1984 年，他被评为国家级

中青年有突出贡献的专家；1986年7月获全国劳动模范称号，荣获国家"七五"期间第一枚全国劳动模范奖章。

1986年8月3日，在北京八宝山公墓礼堂举行了追悼大会。张爱萍将军致悼词。他说：

"邓稼先同志为我国的核武器研制事业兢兢业业，呕心沥血，孜孜不倦地奋斗了28年。他是我国核武器理论研究工作的奠基者和开拓者之一。为我国第一颗原子弹试验成功立下了卓越的功勋；接着又突破了氢弹技术难关，成功地爆炸了第一颗氢弹，为打破超级大国的核垄断，增强我国的国防力量，保卫世界和平都做出了不可磨灭的贡献。

"邓稼先同志是一位理论物理学家，他不仅有深厚的理论基础，而且有广博的实验、技术知识，他对核武器这个多学科的庞大系统工程有全面的了解。他勇于开拓，富有探索精神，他不仅是一位善于把理论和实际相结合、把科学和工程技术相结合的科学家，而且是一位出色的科研工作组织领导者。

"他的名字虽然鲜为人知，但他对祖国的贡献将永载史册。"

中华 爱国 人物故事
ZHONGHUA AIGUO RENWU GUSHI